PINHOK™
LANGUAGES

www.pinhok.com

Vorwort

Über dieses Buch

Dieses Lettisch Vokabelbuch beinhaltet mehr als 3000 nach Themengebieten geordnete Wörter und Redewendungen und ist für Lernende aller Stufen geeignet. Die Gliederung der Vokabel ermöglicht es Ihnen selbst zu entscheiden was Sie zuerst lernen möchten. Am Ende des Buches finden Sie darüber hinaus noch 2 Verzeichnisse die Sie wie ein Lettisch Wörterbuch verwenden können.

Verwendung des Buches

Anfängern empfehlen wir zuerst vor allem den Kapiteln Verben, Adjektive und Phrasen viel Aufmerksamkeit zu schenken. Die darin enthaltenen Vokabel und Sätze bilden einen guten Grundwortschatz, auf den Sie später aufbauen können. Durch die beiden Stichwortverzeichnisse am Ende des Buches können Sie dieses Buch auch als einfaches Lettisch-Deutsch und Deutsch-Lettisch Taschenwörterbuch verwenden.

Vokabelbücher, Alt aber Gut

Vokabelbücher haben Tradition und sind mittlerweile seit Jahrhunderten im Einsatz. Diese Tradition wird manchmal als veraltet und nicht mehr zeitgemäß missinterpretiert, in Wahrheit spiegelt die Tradition jedoch wider, dass Vokabelbücher schlicht und einfach gut funktionieren und beim Erlernen einer neuen Sprache sehr hilfreich sein können. Die Kombination mit den beiden Stichwortverzeichnissen macht dieses Buch zu einem wertvollen Lettisch Vokabeltrainer, der Ihnen tagtäglich beim Lettisch lernen auf über Jahrzehnte erprobte Art und Weise zur Seite stehen kann.

Pinhok Languages

Das Ziel von Pinhok Languages ist es, Menschen überall auf der Welt dabei zu unterstützen, eine neue Sprache zu lernen. Wir verwenden die besten Ansätze aus verschiedensten Fachbereichen und Denkschulen und kombinieren diese neu, um innovative Produkte und Inhalte zu erstellen.

Das Team Pinhok freut sich, Sie auf Ihrem Weg des Lernens durch unser Produkt ein Stück weit begleiten zu dürfen. Wenn Sie mehr über uns erfahren möchten, gehen Sie auf unsere Webseite: www.pinhok.com. Für das Melden von Fehlern, Feedback, Kritik, Lob oder ein einfaches "Hallo" verwenden Sie bitte das Kontaktformular auf eben dieser Seite. Vielen Dank und viel Spaß mit dem Buch!

Haftungsausschluss

Der Inhalt dieses Buches wurde mit größter Sorgfalt erstellt, für die Richtigkeit, Vollständigkeit und Aktualität des Inhalts wird jedoch keine Haftung übernommen. Weiters erklären Sie sich damit einverstanden, dass die Autoren und Herausgeber dieses Buches für keine Schäden welcher Art auch immer haftbar bzw. belangbar sind, die durch das Buch oder die Nutzung des Buches entstehen. Die Nutzung des Buches erfolgt auf eigene Gefahr.

Inhaltsverzeichnis

Themengebiete

Stichwortverzeichnis

Tiere

Säugetiere

Hund	(M) suns
Katze	(M) kaķis
Kaninchen	(M) trusis
Kuh	(F) govs
Schaf	(F) aita
Schwein	(F) cūka
Pferd	(M) zirgs
Affe	(M) pērtiķis
Bär	(M) lācis
Löwe	(F) lauva
Tiger	(M) tīģeris
Panda	(F) panda
Giraffe	(F) žirafe
Kamel	(M) kamielis
Elefant	(M) zilonis
Wolf	(M) vilks
Ratte	(F) žurka
Maus (Tier)	(F) pele
Zebra	(F) zebra
Nilpferd	(M) nīlzirgs
Eisbär	(M) polārlācis
Nashorn	(M) degunradzis
Känguru	(M) ķengurs
Leopard	(M) leopards
Gepard	(M) gepards
Esel	(M) ēzelis
Ameisenbär	(M) skudrulācis
Büffel	(M) bifelis

Wild	(M) briedis
Eichhörnchen	(F) vāvere
Elch	(M) Kanādas briedis
Ferkel	(M) sivēns
Fledermaus	(M) sikspārnis
Fuchs	(F) lapsa
Hamster	(M) kāmis
Meerschweinchen	(F) jūrascūciņa
Koala	(F) koala
Lemur	(M) lemurs
Erdmännchen	(M) surikats
Waschbär	(M) jenots
Tapir	(M) tapīrs
Bison	(M) bizons
Ziege	(F) kaza
Lama	(F) lama
kleiner Panda	(F) sarkanā panda
Stier	(M) bullis
Igel	(M) ezis
Otter	(M) ūdrs

Vögel

Taube	(M) balodis
Ente	(F) pīle
Möwe	(F) kaija
Huhn	(F) vista
Hahn	(M) gailis
Gans	(F) zoss
Eule	(F) pūce
Schwan	(M) gulbis
Pinguin	(M) pingvīns

Krähe	(F) vārna
Truthahn	(M) tītars
Strauß	(M) strauss
Storch	(M) stārķis
Küken	(M) cālis
Adler	(M) ērglis
Rabe	(M) krauklis
Pfau	(M) pāvs
Pelikan	(M) pelikāns
Papagei	(M) papagailis
Elster	(F) žagata
Flamingo	(M) flamings
Falke	(M) piekūns

Insekten

Fliege	(F) muša
Schmetterling	(M) tauriņš
Käfer	(F) vabole
Biene	(F) bite
Stechmücke	(M) ods
Ameise	(F) skudra
Libelle	(F) spāre
Heuschrecke	(M) sienāzis
Raupe	(M) kāpurs
Wespe	(F) lapsene
Motte	(F) kode
Hummel	(F) kamene
Termite	(M) termīts
Grille	(M) circenis
Marienkäfer	(F) mārīte
Gottesanbeterin	(M) dievlūdzējs

Wassertiere

Fisch (Tier)	(F) zivs
Wal	(M) valis
Hai	(F) haizivs
Delfin	(M) delfīns
Seehund	(M) ronis
Qualle	(F) medūza
Tintenfisch	(M) kalmārs
Krake	(M) astoņkājis
Meeresschildkröte	(M) bruņurupucis
Seepferdchen	(M) jūraszirdziņš
Seelöwe	(F) jūras lauva
Walross	(M) valzirgs
Muschel	(M) gliemežvāks
Seestern	(F) jūras zvaigzne
Killerwal	(M) zobenvalis
Krabbe	(M) krabis
Hummer	(M) omārs

Reptilien & Mehr

Schnecke	(M) gliemezis
Spinne	(M) zirneklis
Frosch	(F) varde
Schlange	(F) čūska
Krokodil	(M) krokodils
Schildkröte	(M) sauszemes bruņurupucis
Skorpion	(M) skorpions
Eidechse	(F) ķirzaka
Chamäleon	(M) hameleons
Tarantel	(M) putnu zirneklis
Gecko	(M) gekons

Dinosaurier (M) dinozaurs

Sport

Sommer

Tennis	(M) teniss
Badminton	(M) badmintons
Boxen	(M) bokss
Golf	(M) golfs
Laufen	(F) skriešana
Radfahren	(F) riteņbraukšana
Turnen	(F) vingrošana
Tischtennis	(M) galda teniss
Gewichtheben	(F) svarcelšana
Weitsprung	(F) tāllēkšana
Dreisprung	(F) trīssoļlēkšana
Moderner Fünfkampf	(F) modernā pieccīņa
Rhythmische Gymnastik	(F) mākslas vingrošana
Hürdenlauf	(M) barjerskrējiens
Marathon	(M) maratons
Stabhochsprung	(F) kārtslēkšana
Hochsprung	(F) augstlēkšana
Kugelstoßen	(F) lodes grūšana
Speerwerfen	(F) šķēpa mešana
Diskuswerfen	(F) diska mešana
Karate	(M) karatē
Triathlon	(M) triatlons
Taekwondo	(M) tekvondo
Sprinten	(M) sprints
Springreiten	(M) konkūrs
Schießen	(F) šaušana
Ringen	(F) cīņa
Mountainbiken	(F) kalnu riteņbraukšana

Judo	(M) džudo
Hammerwerfen	(F) vesera mešana
Fechten	(F) paukošana
Bogenschießen	(F) loka šaušana
Bahnradfahren	(F) treka riteņbraukšana

Winter

Skifahren	(F) slēpošana
Snowboarden	(M) snovbords
Eislaufen	(F) slidošana
Eishockey	(M) hokejs
Eiskunstlauf	(F) daiļslidošana
Curling	(M) kērlings
Nordische Kombination	(F) Ziemeļu divcīņa
Biathlon	(M) biatlons
Rennrodeln	(F) kamaniņu braukšana
Bob	(M) bobslejs
Shorttrack	(M) šorttreks
Skeleton	(M) skeletons
Skispringen	(F) tramplīnlēkšana
Skilanglauf	(F) distanču slēpošana
Eisklettern	(F) ledus kāpšana
Freestyle-Skiing	(F) frīstaila slēpošana
Eisschnelllauf	(F) ātrslidošana

Team

Fußball	(M) futbols
Basketball	(M) basketbols
Volleyball	(M) volejbols
Cricket	(M) krikets
Baseball	(M) beisbols

Rugby	(M) regbijs
Handball	(F) rokasbumba
Polo	(M) polo
Lacrosse	(M) lakross
Feldhockey	(M) lauka hokejs
Beachvolleyball	(M) pludmales volejbols
Australian Football	(M) austrāliešu futbols
American Football	(M) amerikāņu futbols

Wasser

Schwimmen	(F) peldēšana
Wasserball	(M) ūdenspolo
Wasserspringen	(F) daiļlēkšana
Surfen	(M) sērfings
Rudern	(F) airēšana
Synchronschwimmen	(F) sinhronā peldēšana
Tauchen	(F) niršana
Windsurfen	(M) vindsērfings
Segeln	(F) burāšana
Wasserski	(F) ūdensslēpošana
Rafting	(M) raftings
Klippenspringen	(F) klints lēkšana
Kanu	(F) kanoe airēšana

Motor

Autorennen	(M) autosports
Rallye	(M) rallijs
Motorradsport	(F) motošoseja
Motocross	(M) motokross
Formel 1	(F) Formula 1
Kart	(M) kartings

Jet-Ski	(M) ūdens motocikls

Andere

Wandern	(M) pārgājiens
Bergsteigen	(M) alpīnisms
Snooker	(M) snūkers
Fallschirmspringen	(F) izpletņlēkšana
Poker	(M) pokers
Tanzen	(F) dejas
Bowling	(M) boulings
Skateboarding	(M) skeitbordings
Schach	(M) šahs
Bodybuilding	(M) kultūrisms
Yoga	(F) joga
Ballett	(M) balets
Bungeespringen	(F) gumijlēkšana
Klettern	(F) klinšu kāpšana
Inlineskating	(F) skrituļslidošana
Breakdance	(F) breika dejas
Billard	(M) biljards

Fitness-Studio

Aufwärmen	(F) iesildīšanās
Dehnen	(F) stiepšanās
Sit-ups	(F) presītes
Liegestütz	(F) pumpēšanās
Kniebeuge	(M) pietupiens
Laufband	(M) skrejceliņš
Bankdrücken	(F) stieņa spiešana guļus
Fahrradergometer	(M) velotrenažieris
Crosstrainer	(M) eliptiskais trenažieris

Zirkeltraining	(M) apļa treniņš
Pilates	pilates
Beinpresse	(F) kāju prese
Aerobic	(F) aerobika
Hantel	(F) hantele
Langhantel	(M) svaru stienis
Sauna	(M) pirts

Geografie

Europa

Großbritannien	(F) Apvienotā Karaliste
Spanien	(F) Spānija
Italien	(F) Itālija
Frankreich	(F) Francija
Deutschland	(F) Vācija
Schweiz	(F) Šveice
Albanien	(F) Albānija
Andorra	(F) Andora
Österreich	(F) Austrija
Belgien	(F) Beļģija
Bosnien	(F) Bosnija
Bulgarien	(F) Bulgārija
Dänemark	(F) Dānija
Estland	(F) Igaunija
Färöer	(F) Fēru salas
Finnland	(F) Somija
Gibraltar	(M) Gibraltārs
Griechenland	(F) Grieķija
Irland	(F) Īrija
Island	(F) Islande
Kosovo	(F) Kosova
Kroatien	(F) Horvātija
Lettland	(F) Latvija
Liechtenstein	(F) Lihtenšteina
Litauen	(F) Lietuva
Luxemburg	(F) Luksemburga
Malta	(F) Malta
Mazedonien	(F) Maķedonija

Moldawien	(F) Moldova
Monaco	(M) Monako
Montenegro	(F) Melnkalne
Niederlande	(F) Nīderlande
Norwegen	(F) Norvēģija
Polen	(F) Polija
Portugal	(F) Portugāle
Rumänien	(F) Rumānija
San Marino	(M) Sanmarīno
Schweden	(F) Zviedrija
Serbien	(F) Serbija
Slowakei	(F) Slovākija
Slowenien	(F) Slovēnija
Tschechien	(F) Čehija
Türkei	(F) Turcija
Ukraine	(F) Ukraina
Ungarn	(F) Ungārija
Vatikan	(M) Vatikāns
Weißrussland	(F) Baltkrievija
Zypern	(F) Kipra

Asien

China	(F) Ķīna
Russland	(F) Krievija
Indien	(F) Indija
Singapur	(F) Singapūra
Japan	(F) Japāna
Südkorea	(F) Dienvidkoreja
Afghanistan	(F) Afganistāna
Armenien	(F) Armēnija
Aserbaidschan	(F) Azerbaidžāna

Bahrain	(F) Bahreina
Bangladesch	(F) Bangladeša
Bhutan	(F) Butāna
Brunei	(F) Bruneja
Georgien	(F) Gruzija
Hongkong	(F) Honkonga
Indonesien	(F) Indonēzija
Irak	(F) Irāka
Iran	(F) Irāna
Israel	(F) Izraēla
Jemen	(F) Jemena
Jordanien	(F) Jordānija
Kambodscha	(F) Kambodža
Kasachstan	(F) Kazahstāna
Katar	(F) Katara
Kirgisistan	(F) Kirgizstāna
Kuwait	(F) Kuveita
Laos	(F) Laosa
Libanon	(F) Libāna
Macao	(M) Makao
Malaysia	(F) Malaizija
Malediven	(F) Maldīvija
Mongolei	(F) Mongolija
Burma	(F) Mjanma
Nepal	(F) Nepāla
Nordkorea	(F) Ziemeļkoreja
Oman	(F) Omāna
Osttimor	(F) Austrumtimora
Pakistan	(F) Pakistāna
Palästina	(F) Palestīna
Philippinen	(F) Filipīnas

Saudi-Arabien	(F) Saūda Arābija
Sri Lanka	(F) Šrilanka
Syrien	(F) Sīrija
Tadschikistan	(F) Tadžikistāna
Taiwan	(F) Taivāna
Thailand	(F) Taizeme
Turkmenistan	(F) Turkmenistāna
Usbekistan	(F) Uzbekistāna
Vereinigte Arabische Emirate	(M) Apvienotie Arābu Emirāti
Vietnam	(F) Vjetnama

Amerika

Vereinigte Staaten von Amerika	(F) Amerikas Savienotās Valstis
Mexiko	(F) Meksika
Kanada	(F) Kanāda
Brasilien	(F) Brazīlija
Argentinien	(F) Argentīna
Chile	(F) Čīle
Antigua und Barbuda	(F) Antigva un Barbuda
Aruba	(F) Aruba
Bahamas	(F) Bahamu salas
Barbados	(F) Barbadosa
Belize	(F) Beliza
Bolivien	(F) Bolīvija
Cayman Islands	(F) Kaimanu salas
Costa Rica	(F) Kostarika
Dominica	(F) Dominika
Dominikanische Republik	(F) Dominikāna
Ecuador	(F) Ekvadora
El Salvador	(F) Salvadora
Falklandinseln	(F) Folklenda salas

Grenada	(F) Grenāda
Grönland	(F) Grenlande
Guatemala	(F) Gvatemala
Guyana	(F) Gajāna
Haiti	(F) Haiti
Honduras	(F) Hondurasa
Jamaika	(F) Jamaika
Kolumbien	(F) Kolumbija
Kuba	(F) Kuba
Montserrat	(F) Montserrata
Nicaragua	(F) Nikaragva
Panama	(F) Panama
Paraguay	(F) Paragvaja
Peru	(F) Peru
Puerto Rico	(F) Puertoriko
St. Kitts und Nevis	(F) Sentkitsa un Nevisa
St. Lucia	(F) Sentlūsija
St. Vincent und die Grenadinen	(F) Sentvinsenta un Grenadīnas
Suriname	(F) Surinama
Trinidad und Tobago	(F) Trinidāda un Tobāgo
Uruguay	(F) Urugvaja
Venezuela	(F) Venecuēla

Afrika

Südafrika	(F) Dienvidāfrika
Nigeria	(F) Nigērija
Marokko	(F) Maroka
Libyen	(F) Lībija
Kenia	(F) Kenija
Algerien	(F) Alžīrija
Ägypten	(F) Ēģipte

Äthiopien	(F) Etiopija
Angola	(F) Angola
Benin	(F) Benina
Botswana	(F) Botsvāna
Burkina Faso	(F) Burkinafaso
Burundi	(F) Burundi
Demokratische Republik Kongo	(F) Kongo Demokrātiskā Republika
Dschibuti	(F) Džibuti
Äquatorialguinea	(F) Ekvatoriālā Gvineja
Elfenbeinküste	(F) Kotdivuāra
Eritrea	(F) Eritreja
Gabun	(F) Gabona
Gambia	(F) Gambija
Ghana	(F) Gana
Guinea	(F) Gvineja
Guinea-Bissau	(F) Gvineja-Bisava
Kamerun	(F) Kamerūna
Kap Verde	(F) Kaboverde
Komoren	(F) Komoras
Lesotho	(M) Lesoto
Liberia	(F) Libērija
Madagaskar	(F) Madagaskara
Malawi	(F) Malāvija
Mali	(F) Mali
Mauretanien	(F) Mauritānija
Mauritius	(F) Maurīcija
Mosambik	(F) Mozambika
Namibia	(F) Namībija
Niger	(F) Nigēra
Republik Kongo	(F) Kongo Republika
Ruanda	(F) Ruanda

Sambia	(F) Zambija
São Tomé und Príncipe	(F) Santome un Prinsipi
Senegal	(F) Senegāla
Seychellen	(F) Seišelas
Sierra Leone	(F) Sjerraleone
Simbabwe	(F) Zimbabve
Somalia	(F) Somālija
Sudan	(F) Sudāna
Südsudan	(F) Dienvidsudāna
Swasiland	(F) Svazilenda
Tansania	(F) Tanzānija
Togo	(M) Togo
Tschad	(F) Čada
Tunesien	(F) Tunisija
Uganda	(F) Uganda
Zentralafrikanische Republik	(F) Centrālāfrikas Republika

Ozeanien

Australien	(F) Austrālija
Neuseeland	(F) Jaunzēlande
Fidschi	(M) Fidži
Amerikanisch-Samoa	(F) ASV Samoa
Cookinseln	(F) Kuka salas
Französisch-Polynesien	(F) Franču Polinēzija
Kiribati	(M) Kiribati
Marshallinseln	(F) Māršala salas
Mikronesien	(F) Mikronēzija
Nauru	(F) Nauru
Neukaledonien	(F) Jaunkaledonija
Niue	(F) Niue
Palau	(F) Palau

Papua-Neuguinea	(F) Papua-Jaungvineja
Salomonen	(F) Zālamana salas
Samoa	(F) Samoa
Tonga	(F) Tonga
Tuvalu	(F) Tuvalu
Vanuatu	(F) Vanuatu

Zahlen

0-20

0	nulle
1	viens
2	divi
3	trīs
4	četri
5	pieci
6	seši
7	septiņi
8	astoņi
9	deviņi
10	desmit
11	vienpadsmit
12	divpadsmit
13	trīspadsmit
14	četrpadsmit
15	piecpadsmit
16	sešpadsmit
17	septiņpadsmit
18	astoņpadsmit
19	deviņpadsmit
20	divdesmit

21-100

21	divdesmit viens
22	divdesmit divi
26	divdesmit seši
30	trīsdesmit
31	trīsdesmit viens
33	trīsdesmit trīs

37	trīsdesmit septiņi
40	četrdesmit
41	četrdesmit viens
44	četrdesmit četri
48	četrdesmit astoņi
50	piecdesmit
51	piecdesmit viens
55	piecdesmit pieci
59	piecdesmit deviņi
60	sešdesmit
61	sešdesmit viens
62	sešdesmit divi
66	sešdesmit seši
70	septiņdesmit
71	septiņdesmit viens
73	septiņdesmit trīs
77	septiņdesmit septiņi
80	astoņdesmit
81	astoņdesmit viens
84	astoņdesmit četri
88	astoņdesmit astoņi
90	deviņdesmit
91	deviņdesmit viens
95	deviņdesmit pieci
99	deviņdesmit deviņi
100	viens simts

101-1000

101	simtu viens
105	simtu pieci
110	simtu desmit
151	simtu piecdesmit viens

200	divi simti
202	divi simti divi
206	divi simti seši
220	divi simti divdesmit
262	divi simti sešdesmit divi
300	trīs simti
303	trīs simti trīs
307	trīs simti septiņi
330	trīs simti trīsdesmit
373	trīs simti septiņdesmit trīs
400	četri simti
404	četri simti četri
408	četri simti astoņi
440	četri simti četrdesmit
484	četri simti astoņdesmit četri
500	pieci simti
505	pieci simti pieci
509	pieci simti deviņi
550	pieci simti piecdesmit
595	pieci simti deviņdesmit pieci
600	seši simti
601	seši simti viens
606	seši simti seši
616	seši simti sešpadsmit
660	seši simti sešdesmit
700	septiņi simti
702	septiņi simti divi
707	septiņi simti septiņi
727	septiņi simti divdesmit septiņi
770	septiņi simti septiņdesmit
800	astoņi simti
803	astoņi simti trīs
808	astoņi simti astoņi

838	astoņi simti trīsdesmit astoņi
880	astoņi simti astoņdesmit
900	deviņi simti
904	deviņi simti četri
909	deviņi simti deviņi
949	deviņi simti četrdesmit deviņi
990	deviņi simti deviņdesmit
1000	viens tūkstotis

1001-10000

1001	tūkstoš viens
1012	tūkstoš divpadsmit
1234	tūkstoš divi simti trīsdesmit četri
2000	divi tūkstoši
2002	divi tūkstoši divi
2023	divi tūkstoši divdesmit trīs
2345	divi tūkstoši trīs simti četrdesmit pieci
3000	trīs tūkstoši
3003	trīs tūkstoši trīs
3034	trīs tūkstoši trīsdesmit četri
3456	trīs tūkstoši četri simti piecdesmit seši
4000	četri tūkstoši
4004	četri tūkstoši četri
4045	četri tūkstoši četrdesmit pieci
4567	četri tūkstoši pieci simti sešdesmit septiņi
5000	pieci tūkstoši
5005	pieci tūkstoši pieci
5056	pieci tūkstoši piecdesmit seši
5678	pieci tūkstoši seši simti septiņdesmit astoņi
6000	seši tūkstoši
6006	seši tūkstoši seši
6067	seši tūkstoši sešdesmit septiņi

6789	seši tūkstoši septiņi simti astoņdesmit deviņi
7000	septiņi tūkstoši
7007	septiņi tūkstoši septiņi
7078	septiņi tūkstoši septiņdesmit astoņi
7890	septiņi tūkstoši astoņi simti deviņdesmit
8000	astoņi tūkstoši
8008	astoņi tūkstoši astoņi
8089	astoņi tūkstoši astoņdesmit deviņi
8901	astoņi tūkstoši deviņi simti viens
9000	deviņi tūkstoši
9009	deviņi tūkstoši deviņi
9012	deviņi tūkstoši divpadsmit
9090	deviņi tūkstoši deviņdesmit
10.000	desmit tūkstoši

> 10000

10.001	desmit tūkstoši viens
20.020	divdesmit tūkstoši divdesmit
30.300	trīsdesmit tūkstoši trīs simti
44.000	četrdesmit četri tūkstoši
100.000	simts tūkstoši
500.000	pieci simti tūkstoši
1.000.000	viens miljons
6.000.000	seši miljoni
10.000.000	desmit miljoni
70.000.000	septiņdesmit miljoni
100.000.000	simts miljoni
800.000.000	astoņi simti miljoni
1.000.000.000	viens miljards
9.000.000.000	deviņi miljardi
10.000.000.000	desmit miljardi
20.000.000.000	divdesmit miljardi

100.000.000.000	simts miljardi
300.000.000.000	trīs simti miljardi
1.000.000.000.000	viens triljons

Körper

Kopf

Nase	(M) deguns
Auge	(F) acs
Ohr	(F) auss
Mund	(F) mute
Zahn	(M) zobs
Lippe	(F) lūpas
Haar	(M) mats
Bart	(F) bārda
Stirn	(F) piere
Augenbraue	(F) uzacs
Wimpern	(F) skropstas
Pupille	(F) zīlīte
Wange	(M) vaigs
Kinn	(M) zods
Grübchen	(F) vaigu bedrīte
Falte	(F) krunka
Sommersprossen	(M) vasaras raibumi
Zunge	(F) mēle
Nasenloch	(F) nāss
Schläfe	(M) deniņi

Körperteile

Kopf	(F) galva
Arm	(F) roka
Hand	(F) plauksta
Bein	(F) kāja
Knie	(M) celis
Fuß	(F) pēda

Bauch	(M) vēders
Bauchnabel	(F) naba
Busen	(F) krūts
Brust	(M) krūškurvis
Ellbogen	(M) elkonis
Brustwarze	(M) krūtsgals
Schulter	(M) plecs
Hals	(M) kakls
Gesäß	(M) dibens
Nacken	(M) pakausis
Rücken	(F) mugura
Taille	(M) viduklis

Hand & Fuß

Finger	(M) pirksts
Daumen	(M) īkšķis
Fingernagel	(M) nags
Zehe	(M) kājas pirksts
Ferse	(M) papēdis
Handfläche	(F) delna
Handgelenk	(F) plaukstas locītava
Faust	(F) dūre
Achillessehne	(F) Ahileja cīpsla
Zeigefinger	(M) rādītājpirksts
Mittelfinger	(M) vidējais pirksts
Ringfinger	(M) zeltnesis
kleiner Finger	(M) mazais pirkstiņš

Knochen & Mehr

Knochen (Teil des Körpers)	(M) kauls
Muskel	(M) muskulis

Sehne	(F) cīpsla
Wirbel	(M) skriemelis
Becken	(M) iegurnis
Brustbein	(M) krūšu kauls
Rippe	(F) riba
Schlüsselbein	(M) atslēgas kauls
Skelett	(M) skelets
Schädel	(M) galvaskauss
Schulterblatt	(F) lāpstiņa
Kniescheibe	(M) ceļa kauls
Knorpel	(M) skrimslis
Kiefer	(M) žokļa kauls
Nasenbein	(M) deguna kauls
Wirbelsäule	(M) mugurkauls
Knöchel	(F) potīte
Knochenmark	(F) kaulu smadzenes

Organe

Herz	(F) sirds
Lunge	(F) plauša
Leber	(F) aknas
Niere	(F) niere
Vene	(F) vēna
Arterie	(F) artērija
Magen	(M) kuņģis
Darm	(F) zarna
Blase	(M) urīnpūslis
Gehirn	(F) smadzenes
After	(M) tūplis
Blinddarm	(M) apendikss
Milz	(F) liesa

Speiseröhre	(M) barības vads
Nerv	(M) nervs
Rückenmark	(F) muguras smadzenes
Bauchspeicheldrüse	(M) aizkuņģa dziedzeris
Gallenblase	(M) žultspūslis
Dickdarm	(F) resnā zarna
Dünndarm	(F) tievā zarna
Luftröhre	(F) traheja
Zwerchfell	(F) diafragma
Zwölffingerdarm	(F) divpadsmitpirkstu zarna

Fortpflanzung

Hoden	(M) sēklinieks
Penis	(M) dzimumloceklis
Prostata	(F) prostata
Eierstock	(F) olnīca
Eileiter	(M) olvads
Gebärmutter	(F) dzemde
Eizelle	(F) olšūna
Sperma	(F) sperma
Hodensack	(M) sēklinieku maisiņš
Klitoris	(M) klitors
Vagina	(F) maksts

Adjektive

Farben

weiß	balts
schwarz	melns
grau	pelēks
grün	zaļš
blau	zils
rot	sarkans
pink	rozā
orange	oranžs
lila	purpurs
gelb	dzeltens
braun	brūns
beige	bēšs

Basics

schwer (Gewicht)	smags (smagais, smagāks, vissmagākais)
leicht (Gewicht)	viegls (vieglais, vieglāks, visvieglākais)
richtig	pareizs (pareizais, pareizāks, vispareizākais)
schwer (Grad)	sarežģīts (sarežģītais, sarežģītāks, vissarežģītākais)
einfach	viegls (vieglais, vieglāks, visvieglākais)
falsch	nepareizs (nepareizais, nepareizāks, visnepareizākais)
viele	daudz
wenige	maz
neu	jauns (jaunais, jaunāks, visjaunākais)
alt (nicht neu)	vecs (vecais, vecāks, visvecākais)
langsam	lēns (lēnais, lēnāks, vislēnākais)
schnell	ātrs (ātrais, ātrāks, visātrākais)
arm	nabags (nabagais, nabagāks, visnabagākais)

reich	bagāts (bagātais, bagātāks, visbagātākais)
lustig	smieklīgs (smieklīgais, smieklīgāks, vissmieklīgākais)
langweilig	garlaicīgs (garlaicīgais, garlaicīgāks, visgarlaicīgākais)
fair	godīgs (godīgais, godīgāks, visgodīgākais)
unfair	negodīgs (negodīgais, negodīgāks, visnegodīgākais)

Gefühle

gut	labs (labais, labāks, vislabākais)
schlecht	slikts (sliktais, sliktāks, vissliktākais)
schwach	vājš (vājais, vājāks, visvājākais)
glücklich	laimīgs (laimīgais, laimīgāks, vislaimīgākais)
traurig	bēdīgs (bēdīgais, bēdīgāks, visbēdīgākais)
stark	stiprs (stiprais, stiprāks, visstiprākais)
wütend	dusmīgs (dusmīgais, dusmīgāks, visdusmīgākais)
gesund	vesels (veselais, veselāks, visveselākais)
krank	slims (slimais, slimāks, visslimākais)
hungrig	izsalcis (izsalkušais)
durstig	izslāpis (izslāpušais)
satt	paēdis (paēdušais)
stolz	lepns (lepnais, lepnāks, vislepnākais)
einsam	vientuļš (vientuļais, vientuļāks, visvientuļākais)
müde	noguris (nogurušais)
sicher (Sicherheit)	drošs (drošais, drošāks, visdrošākais)

Raum

kurz	īss (īsais, īsāks, visīsākais)
lang	garš (garais, garāks, visgarākais)
rund	apaļš (apaļais, apaļāks, visapaļākais)

klein (allgemein)	mazs (mazais, mazāks, vismazākais)
groß (allgemein)	liels (lielais, lielāks, vislielākais)
eckig	kantains (kantainais, kantaināks, viskantainākais)
kurvig	līkumots (līkumotais, līkumotāks, vislīkumotākais)
gerade	taisns (taisnais, taisnāks, vistaisnākais)
hoch	augsts (augstais, augstāks, visaugstākais)
tief (Diagramm)	zems (zemais, zemāks, viszemākais)
steil	stāvs (stāvais, stāvāks, visstāvākais)
flach	plakans (plakanais, plakanāks, visplakanākais)
seicht	sekls (seklais, seklāks, visseklākais)
tief (Wasser)	dziļš (dziļais, dziļāks, visdziļākais)
breit	plašs (plašais, plašāks, visplašākais)
schmal	šaurs (šaurais, šaurāks, visšaurākais)
riesig	milzīgs (milzīgais, milzīgāks, vismilzīgākais)

Ort

rechts	labais
links	kreisais
über	virs
hinten	atpakaļ
vorne	priekša
unter	zem
hier	šeit
dort	tur
nahe	tuvu
fern	tālu
innen	iekšā
außen	ārā
neben	blakus
Norden	ziemeļi

Osten	austrumi
Süden	dienvidi
Westen	rietumi

Dinge

billig	lēts (lētais, lētāks, vislētākais)
teuer	dārgs (dārgais, dārgāks, visdārgākais)
voll	pilns (pilnais, pilnāks, vispilnākais)
hart	ciets (cietais, cietāks, viscietākais)
weich	mīksts (mīkstais, mīkstāks, vismīkstākais)
leer	tukšs (tukšais, tukšāks, vistukšākais)
hell	gaišs (gaišais, gaišāks, visgaišākais)
dunkel	tumšs (tumšais, tumšāks, vistumšākais)
sauber	tīrs (tīrais, tīrāks, vistīrākais)
schmutzig	netīrs (netīrais, netīrāks, visnetīrākais)
gekocht	vārīts (vārītais, vārītāks, visvārītākais)
roh	jēls (jēlais, jēlāks, visjēlākais)
eigenartig	dīvains (dīvainais, dīvaināks, visdīvainākais)
sauer	skābs (skābais, skābāks, visskābākais)
süß (Essen)	salds (saldais, saldāks, vissaldākais)
salzig	sāļš (sāļais, sāļāks, vissāļākais)
scharf	pikants (pikantais, pikantāks, vispikantākais)
saftig	sulīgs (sulīgais, sulīgāks, vissulīgākais)

Leute

klein (Körpergröße)	īss (īsais, īsāks, visīsākais)
groß (Körpergröße)	garš (garais, garāks, visgarākais)
schlank	slaids (slaidais, slaidāks, visslaidākais)
jung	jauns (jaunais, jaunāks, visjaunākais)
alt (nicht jung)	vecs (vecais, vecāks, visvecākais)
dick	apaļīgs (apaļīgais, apaļīgāks, visapaļīgākais)

mager	tievs (tievais, tievāks, vistievākais)
mollig	tukls (tuklais, tuklāks, vistuklākais)
süß (Person)	piemīlīgs (piemīlīgais, piemīlīgāks, vispiemīlīgākais)
klug	gudrs (gudrais, gudrāks, visgudrākais)
böse	ļauns (ļaunais, ļaunāks, visļaunākais)
brav	pieklājīgs (pieklājīgais, pieklājīgāks, vispieklājīgākais)
cool	stilīgs (stilīgais, stilīgāks, visstilīgākais)
besorgt	noraizējies
überrascht	pārsteigts (pārsteigtais, pārsteigtāks, vispārsteigtākais)
nüchtern	skaidrā
betrunken	piedzēries
blind	akls (aklais, aklāks, visaklākais)
stumm	mēms (mēmais, mēmāks, vismēmākais)
taub	kurls (kurlais, kurlāks, viskurlākais)
schuldig	vainīgs (vainīgais, vainīgāks, visvainīgākais)
freundlich	draudzīgs (draudzīgais, draudzīgāks, visdraudzīgākais)
beschäftigt	aizņemts (aizņemtais, aizņemtāks, visaizņemtākais)
blutig	asiņains (asiņainais, asiņaināks, visasiņainākais)
blass	bāls (bālais, bālāks, visbālākais)
streng	stingrs (stingrais, stingrāks, visstingrākais)
heilig	svēts (svētais, svētāks, vissvētākais)
schön	skaists (skaistais, skaistāks, visskaistākais)
albern	muļķīgs (muļķīgais, muļķīgāks, vismuļķīgākais)
verrückt	traks (trakais, trakāks, vistrakākais)
hässlich	neglīts (neglītais, neglītāks, visneglītākais)
gutaussehend	izskatīgs (izskatīgais, izskatīgāks, visizskatīgākais)

geizig	mantkārīgs (mantkārīgais, mantkārīgāks, vismantkārīgākais)
großzügig	devīgs (devīgais, devīgāks, visdevīgākais)
mutig	drosmīgs (drosmīgais, drosmīgāks, visdrosmīgākais)
schüchtern	kautrīgs (kautrīgais, kautrīgāks, viskautrīgākais)
faul	slinks (slinkais, slinkāks, visslinkākais)
sexy	seksīgs (seksīgais, seksīgāks, visseksīgākais)
blöd	dumjš (dumjais, dumjāks, visdumjākais)

Draußen

kalt	auksts (aukstais, aukstāks, visaukstākais)
heiß	karsts (karstais, karstāks, viskarstākais)
warm	silts (siltais, siltāks, vissiltākais)
still	kluss (klusais, klusāks, visklusākais)
leise	mierīgs (mierīgais, mierīgāks, vismierīgākais)
laut	skaļš (skaļais, skaļāks, visskaļākais)
nass	slapjš (slapjais, slapjāks, visslapjākais)
trocken	sauss (sausais, sausāks, vissausākais)
windig	vējains (vējainais, vējaināks, visvējainākais)
bewölkt	mākoņains (mākoņainais, mākoņaināks, vismākoņainākais)
neblig	miglains (miglainais, miglaināks, vismiglainākais)
regnerisch	lietains (lietainais, lietaināks, vislietainākais)
sonnig	saulains (saulainais, saulaināks, vissaulainākais)

Verben

Basics

öffnen	atvērt (1, atveru, atver, atver, atvēru)
schließen	aizvērt (1, aizveru, aizver, aizver, aizvēru)
sitzen	sēdēt (3, sēžu, sēdi, sēž, sēdēju)
einschalten	ieslēgt (1, ieslēdzu, ieslēdz, ieslēdz, ieslēdzu)
ausschalten	izslēgt (1, izslēdzu, izslēdz, izslēdz, izslēdzu)
stehen	stāvēt (3, stāvu, stāvi, stāv, stāvēju)
liegen	gulēt (3, guļu, guli, guļ, gulēju)
kommen	nākt (1, nāku, nāc, nāk, nācu)
denken	domāt (2, domāju, domā, domā, domāju)
wissen	zināt (3, zinu, zini, zina, zināju)
scheitern	izgāzties (1, izgāžos, izgāzies, izgāžas, izgāzos)
gewinnen	uzvarēt (3, uzvaru, uzvari, uzvar, uzvarēju)
verlieren	zaudēt (2, zaudēju, zaudē, zaudē, zaudēju)
leben	dzīvot (2, dzīvoju, dzīvo, dzīvo, dzīvoju)
sterben	mirt (1, mirstu, mirsti, mirst, miru)

Aktion

nehmen	ņemt (1, ņemu, ņem, ņem, ņēmu)
legen	likt (1, lieku, liec, liek, liku)
finden	atrast (1, atrodu, atrodi, atrod, atradu)
rauchen	smēķēt (2, smēķēju, smēķē, smēķē, smēķēju)
stehlen	zagt (1, zogu, zodz, zog, zagu)
töten	nogalināt (3, nogalinu, nogalini, nogalina, nogalināju)
fliegen	lidot (2, lidoju, lido, lido, lidoju)
tragen	nest (1, nesu, nes, nes, nesu)
retten	glābt (1, glābju, glāb, glābj, glābu)
brennen	degt (1, degu, dedz, deg, degu)

verletzen	**ievainot** (2, ievainoju, ievaino, ievaino, ievainoju)
angreifen	**uzbrukt** (1, uzbrūku, uzbrūc, uzbrūk, uzbruku)
verteidigen	**aizsargāt** (2, aizsargāju, aizsargā, aizsargā, aizsargāju)
fallen	**krist** (1, krītu, krīti, krīt, kritu)
wählen (Wahl)	**balsot** (2, balsoju, balso, balso, balsoju)
wählen (aussuchen)	**izvēlēties** (3, izvēlos, izvēlies, izvēlas, izvēlējos)
zocken	**spēlēt azartspēles** (2, spēlēju azartspēles, spēlē azartspēles, spēlē azartspēles, spēlēju azartspēles)
schießen	**šaut** (1, šauju, šauj, šauj, šāvu)
sägen	**zāģēt** (2, zāģēju, zāģē, zāģē, zāģēju)
bohren	**urbt** (1, urbju, urb, urbj, urbu)
hämmern	**sist ar āmuru** (1, situ ar āmuru, sit ar āmuru, sit ar āmuru, situ ar āmuru)

Körper

essen	**ēst** (1, ēdu, ēd, ēd, ēdu)
trinken	**dzert** (1, dzeru, dzer, dzer, dzēru)
sprechen	**runāt** (2, runāju, runā, runā, runāju)
lachen	**smieties** (1, smejos, smejies, smejas, smējos)
weinen	**raudāt** (3, raudu, raudi, raud, raudāju)
singen	**dziedāt** (3, dziedu, dziedi, dzied, dziedāju)
gehen	**iet** (IRR, eju, ej, iet, gāju)
sehen	**skatīties** (3, skatos, skaties, skatās, skatījos)
arbeiten	**strādāt** (2, strādāju, strādā, strādā, strādāju)
atmen	**elpot** (2, elpoju, elpo, elpo, elpoju)
riechen	**smaržot** (2, smaržoju, smaržo, smaržo, smaržoju)
zuhören	**klausīties** (3, klausos, klausies, klausās, klausījos)
abnehmen	**zaudēt svaru** (2, zaudēju svaru, zaudē svaru, zaudē svaru, zaudēju svaru)

zunehmen	**pieņemties svarā** (1, pieņemos svarā, pieņemies svarā, pieņemas svarā, pieņēmos svarā)
schrumpfen	**sarauties** (1, saraujos, saraujies, saraujas, sarāvos)
wachsen	**augt** (1, augu, audz, aug, augu)
lächeln	**smaidīt** (3, smaidu, smaidi, smaida, smaidīju)
flüstern	**čukstēt** (3, čukstu, čuksti, čukst, čukstēju)
berühren	**pieskarties** (1, pieskaros, pieskaries, pieskaras, pieskāros)
zittern	**trīcēt** (3, trīcu, trīci, trīc, trīcēju)
beißen	**kost** (1, kožu, kod, kož, kodu)
schlucken	**rīt** (1, riju, rij, rij, riju)
ohnmächtig werden	**ģībt** (1, ģībstu, ģībsti, ģībst, ģību)
starren	**skatīties** (3, skatos, skaties, skatās, skatījos)
kicken	**spert** (1, speru, sper, sper, spēru)
schreien	**kliegt** (1, kliedzu, kliedz, kliedz, kliedzu)
spucken	**spļaut** (1, spļauju, spļauj, spļauj, spļāvu)
sich übergeben	**vemt** (1, vemju, vem, vemj, vēmu)

Interaktion

fragen	**jautāt** (2, jautāju, jautā, jautā, jautāju)
antworten	**atbildēt** (3, atbildu, atbildi, atbild, atbildēju)
helfen	**palīdzēt** (3, palīdzu, palīdzi, palīdz, palīdzēju)
mögen	**patikt** (1, patīku, patīc, patīk, patiku)
lieben	**mīlēt** (3, mīlu, mīli, mīl, mīlēju)
geben	**dot** (IRR, dodu, dod, dod, devu)
heiraten	**precēt** (3, precu, preci, prec, precēju)
sich treffen	**satikt** (1, satieku, satiec, satiek, satiku)
küssen	**skūpstīt** (3, skūpstu, skūpsti, skūpsta, skūpstīju)
streiten	**strīdēties** (3, strīdos, strīdies, strīdas, strīdējos)
teilen	**dalīties** (3, dalos, dalies, dalās, dalījos)

warnen	brīdināt (3, brīdinu, brīdini, brīdina, brīdināju)
folgen	sekot (2, sekoju, seko, seko, sekoju)
verstecken	slēpt (1, slēpju, slēp, slēpj, slēpu)
wetten	derēt (3, deru, deri, der, derēju)
füttern	barot (2, baroju, baro, baro, baroju)
drohen	draudēt (3, draudu, draudi, draud, draudēju)
massieren	masēt (2, masēju, masē, masē, masēju)

Bewegung

laufen	skriet (1, skrienu, skrien, skrien, skrēju)
schwimmen	peldēt (3, peldu, peldi, peld, peldēju)
springen	lēkt (1, lecu, lec, lec, lēcu)
heben	celt (1, ceļu, cel, ceļ, cēlu)
ziehen (Tür)	vilkt (1, velku, velc, velk, vilku)
drücken (Tür)	grūst (1, grūžu, grūd, grūž, grūdu)
drücken (Knopf)	spiest (1, spiežu, spied, spiež, spiedu)
werfen	mest (1, metu, met, met, metu)
krabbeln	rāpot (2, rāpoju, rāpo, rāpo, rāpoju)
kämpfen	cīnīties (3, cīnos, cīnies, cīnās, cīnījos)
fangen	ķert (1, ķeru, ķer, ķer, ķēru)
schlagen	sist (1, situ, sit, sit, situ)
klettern	kāpt (1, kāpju, kāp, kāpj, kāpu)
rollen	rullēt (2, rullēju, rullē, rullē, rullēju)
graben	rakt (1, roku, roc, rok, raku)

Business

kaufen	pirkt (1, pērku, pērc, pērk, pirku)
bezahlen	maksāt (2, maksāju, maksā, maksā, maksāju)
verkaufen	pārdot (IRR, pārdodu, pārdod, pārdod, pārdevu)
lernen	mācīties (3, mācos, mācies, mācās, mācījos)

üben	vingrināties (3, vingrinos, vingrinies, vingrinās, vingrinājos)
telefonieren	zvanīt (3, zvanu, zvani, zvana, zvanīju)
lesen	lasīt (3, lasu, lasi, lasa, lasīju)
schreiben	rakstīt (3, rakstu, raksti, raksta, rakstīju)
rechnen	rēķināt (3, rēķinu, rēķini, rēķina, rēķināju)
messen	mērīt (3, mēru, mēri, mēra, mērīju)
verdienen (Geld)	pelnīt (3, pelnu, pelni, pelna, pelnīju)
suchen	meklēt (2, meklēju, meklē, meklē, meklēju)
schneiden	griezt (1, griežu, griez, griež, griezu)
zählen	skaitīt (3, skaitu, skaiti, skaita, skaitīju)
scannen	skenēt (2, skenēju, skenē, skenē, skenēju)
drucken	drukāt (2, drukāju, drukā, drukā, drukāju)
kopieren (allgemein)	kopēt (2, kopēju, kopē, kopē, kopēju)
reparieren	labot (2, laboju, labo, labo, laboju)
zitieren	citēt (2, citēju, citē, citē, citēju)
liefern	piegādāt (2, piegādāju, piegādā, piegādā, piegādāju)

Zuhause

schlafen	gulēt (3, guļu, guli, guļ, gulēju)
träumen	sapņot (2, sapņoju, sapņo, sapņo, sapņoju)
warten	gaidīt (3, gaidu, gaidi, gaida, gaidīju)
putzen	tīrīt (3, tīru, tīri, tīra, tīrīju)
waschen	mazgāt (2, mazgāju, mazgā, mazgā, mazgāju)
kochen	gatavot (2, gatavoju, gatavo, gatavo, gatavoju)
spielen	spēlēt (2, spēlēju, spēlē, spēlē, spēlēju)
reisen	ceļot (2, ceļoju, ceļo, ceļo, ceļoju)
genießen	baudīt (3, baudu, baudi, bauda, baudīju)
backen	cept (1, cepu, cep, cep, cepu)
braten	fritēt (2, fritēju, fritē, fritē, fritēju)
sieden	vārīt (3, vāru, vāri, vāra, vārīju)

beten	lūgties (1, lūdzos, lūdzies, lūdzas, lūdzos)
ausruhen	atpūsties (1, atpūšos, atpūties, atpūšas, atpūtos)
abschließen	aizslēgt (1, aizslēdzu, aizslēdz, aizslēdz, aizslēdzu)
aufsperren	atvērt (1, atveru, atver, atver, atvēru)
feiern	svinēt (3, svinu, svini, svin, svinēju)
trocknen	žāvēt (2, žāvēju, žāvē, žāvē, žāvēju)
fischen	zvejot (2, zvejoju, zvejo, zvejo, zvejoju)
duschen	iet dušā (IRR, eju dušā, ej dušā, iet dušā, gāju dušā)
bügeln	gludināt (3, gludinu, gludini, gludina, gludināju)
staubsaugen	sūkt putekļus (1, sūcu putekļus, sūc putekļus, sūc putekļus, sūcu putekļus)
malen	gleznot (2, gleznoju, glezno, glezno, gleznoju)

Haus

Teile

Tür	(F) durvis
Fenster (Gebäude)	(M) logs
Wand	(F) siena
Dach	(M) jumts
Aufzug	(M) lifts
Treppe	(F) kāpnes
Klo	(F) tualete
Dachboden	(M) bēniņi
Keller	(M) pagrabs
Solaranlage	(M) saules panelis
Schornstein	(M) skurstenis
fünfter Stock	(M) sestais stāvs
erster Stock	(M) otrais stāvs
Erdgeschoss	(M) pirmais stāvs
erstes Untergeschoss	(M) pirmais pagrabstāvs
zweites Untergeschoss	(M) otrais pagrabstāvs
Wohnzimmer	(F) dzīvojamā istaba
Schlafzimmer	(F) guļamistaba
Küche	(F) virtuve
Gang (Gebäude)	(M) koridors
Haustür	(F) galvenās durvis
Badezimmer	(F) vannas istaba
Arbeitszimmer	(F) darbistaba
Kinderzimmer	(F) bērnistaba
Fußboden	(F) grīda
Zimmerdecke	(M) griesti
Garagentor	(F) garāžas durvis
Garage	(F) garāža

Garten	(M) dārzs
Balkon	(M) balkons
Terrasse	(F) terase

Geräte

Fernseher	(M) televizors
Fernbedienung	(M) tālvadības pults
Überwachungskamera	(F) drošības kamera
Reiskocher	(M) rīsu katls
Router	(M) rūteris
Heizung	(F) apkure
Waschmaschine	(F) veļas mašīna
Kühlschrank	(M) ledusskapis
Gefrierschrank	(F) saldētava
Mikrowelle	(F) mikroviļņu krāsns
Ofen	(F) cepeškrāsns
Herd	(F) plīts
Abzug	(F) plīts virsma
Geschirrspüler	(F) trauku mazgājamā mašīna
Wasserkocher	(F) tējkanna
Mixer	(M) mikseris
Bügeleisen	(M) elektriskais gludeklis
Toaster	(M) tosteris
Föhn	(M) fēns
Bügeltisch	(M) gludināšanas dēlis
Staubsauger	(M) putekļu sūcējs
Kaffeemaschine	(M) kafijas automāts
Klimaanlage	(M) gaisa kondicionieris
Satellitenschüssel	(M) satelīta šķīvis
Ventilator	(M) ventilators
Heizkörper	(M) radiators

Nähmaschine	(F) šujmašīna

Küche

Löffel	(F) karote
Gabel	(F) dakša
Messer	(M) nazis
Teller	(M) šķīvis
Schüssel	(F) bļoda
Glas	(F) glāze
Becher	(F) krūze
Mistkübel	(F) miskaste
Essstäbchen	(M) irbulītis
Glühbirne	(F) spuldze
Pfanne	(F) panna
Kochtopf	(M) katls
Schöpflöffel	(M) smeļamais kauss
Tasse	(F) tase
Teekanne	(F) tējkanna
Reibe	(F) rīve
Besteck	(M) galda piederumi
Wasserhahn	(M) krāns
Spüle	(F) izlietne
Kochlöffel	(F) koka karote
Schneidebrett	(M) virtuves dēlis
Schwamm	(F) švamme
Korkenzieher	(M) korķviļķis

Schlafzimmer

Bett	(F) gulta
Wecker	(M) modinātājs
Vorhang	(M) aizkari

Nachttischlampe	(F) naktslampiņa
Kleiderschrank	(M) drēbju skapis
Schublade	(F) atvilktne
Stockbett	(F) divstāvīga gulta
Schreibtisch	(M) rakstāmgalds
Schrank	(M) trauku skapis
Regal	(M) plaukts
Decke	(F) sega
Kissen	(M) spilvens
Matratze	(M) matracis
Nachttisch	(M) naktsgaldiņš
Kuscheltier	(F) mīkstā rotaļlieta
Bücherregal	(M) grāmatu plaukts
Lampe	(F) lampa
Tresor	(M) seifs
Babyfon	(F) radio aukle

Badezimmer

Besen	(F) slota
Dusche	(F) duša
Spiegel	(M) spogulis
Waage	(M) svari
Eimer	(M) spainis
Klopapier	(M) tualetes papīrs
Waschbecken	(F) izlietne
Handtuch	(M) dvielis
Fliese	(F) flīze
Toilettenbürste	(F) poda birste
Seife	(F) ziepes
Badetuch	(M) vannas dvielis
Badewanne	(F) vanna

Duschvorhang	(M) dušas aizkars
Schmutzwäsche	(F) veļa
Wäschekorb	(M) veļas grozs
Wäscheklammer	(M) knaģis
Waschpulver	(M) veļas pulveris

Wohnzimmer

Sessel	(M) krēsls
Tisch	(M) galds
Uhr	(M) pulkstenis
Kalender	(M) kalendārs
Bild	(F) bilde
Teppich	(M) paklājs
Sofa	(M) dīvāns
Steckdose	(F) kontaktligzda
Couchtisch	(M) kafijas galdiņš
Zimmerpflanze	(M) telpaugs
Schuhschrank	(M) apavu skapis
Lichtschalter	(M) gaismas slēdzis
Hocker	(M) ķeblis
Schaukelstuhl	(M) šūpuļkrēsls
Türklinke	(M) durvju rokturis
Tischtuch	(M) galdauts
Jalousie	(F) žalūzijas
Schlüsselloch	(M) atslēgas caurums
Rauchmelder	(M) dūmu detektors

Garten

Nachbar	(M) kaimiņš
Axt	(M) cirvis
Säge	(M) zāģis

Leiter	(F) trepes
Zaun	(M) žogs
Swimmingpool	(M) baseins
Liegestuhl	(M) dārza krēsls
Briefkasten	(F) pastkastīte
Teich	(M) dīķis
Hütte	(M) šķūnis
Blumenbeet	(F) ziedu dobe
Rasenmäher	(M) zāles pļāvējs
Rechen	(M) grābeklis
Schaufel	(F) lāpsta
Gießkanne	(F) lejkanna
Schubkarren	(F) ķerra
Schlauch	(F) šļūtene
Mistgabel	(F) dārza dakša
Baumschere	(F) dārza šķēres
Blumentopf	(M) puķu pods
Hecke	(M) dzīvžogs
Baumhaus	(F) māja kokā
Hacke	(M) kaplis
Kettensäge	(M) motorzāģis
Hundehütte	(F) suņu būda
Klingel	(M) zvans
Gewächshaus	(F) siltumnīca

Nahrungsmittel

Milchprodukte

Ei	(F) ola
Milch	(M) piens
Käse	(M) siers
Butter	(M) sviests
Joghurt	(M) jogurts
Eiscreme	(M) saldējums
Sahne	(M) saldais krējums
Sauerrahm	(M) skābais krējums
Schlagsahne	(M) putukrējums
Eiweiß	(M) olas baltums
Eigelb	(M) olas dzeltenums
gekochtes Ei	(F) vārīta ola
Buttermilch	(F) paniņas
Schafskäse	(F) feta
Mozzarella	(F) mocarella
Parmesan	(M) parmezāns
Milchpulver	(M) piena pulveris

Fleisch & Fisch

Fleisch	(F) gaļa
Fisch (Essen)	(F) zivs
Steak	(M) steiks
Wurst	(F) desa
Speck	(M) bekons
Schinken	(M) šķiņķis
Lammfleisch	(F) jēra gaļa
Schweinefleisch	(F) cūkgaļa
Rindfleisch	(F) liellopa gaļa

Hühnerfleisch	(F) vistas gaļa
Putenfleisch	(F) tītara gaļa
Salami	(M) salami
Wild	(M) medījums
Kalbfleisch	(F) teļa gaļa
fettes Fleisch	(F) trekna gaļa
mageres Fleisch	(F) liesa gaļa
Hackfleisch	(F) maltā gaļa
Lachs	(M) lasis
Thunfisch	(M) tuncis
Sardine	(F) sardīne
Gräte	(F) asaka
Knochen (Essen)	(M) kauls

Gemüse

Salat (Gemüse)	(M) lapu salāti
Kartoffel	(M) kartupelis
Pilz	(F) sēne
Knoblauch	(M) ķiploks
Gurke	(M) gurķis
Zwiebel	(M) sīpols
Mais	(F) kukurūza
Erbse	(M) zirnis
Bohne	(F) pupa
Sellerie	(F) selerija
Okra	(F) bāmija
Bambus (Essen)	(M) bambuss
Rosenkohl	(M) Briseles kāposti
Spinat	(M) spināti
Kohlrabi	(M) kolrābis
Brokkoli	(M) brokolis

Kohl	(M) kāposts
Artischocke	(M) artišoks
Blumenkohl	(M) ziedkāposts
Paprika	(F) paprika
Chili	(M) čili
Zucchini	(M) kabacis
Radieschen	(M) redīss
Karotte	(M) burkāns
Süßkartoffel	(M) saldais kartupelis
Aubergine	(M) baklažāns
Ingwer	(M) ingvers
Frühlingszwiebel	(M) lociņi
Lauch	(M) puravs
Trüffel	(F) trifele
Kürbis	(M) ķirbis
Lotusfrucht	(F) lotosa sakne

Obst & Mehr

Apfel	(M) ābols
Banane	(M) banāns
Birne	(M) bumbieris
Tomate	(M) tomāts
Orange	(M) apelsīns
Zitrone	(M) citrons
Erdbeere	(F) zemene
Ananas	(M) ananass
Wassermelone	(M) arbūzs
Grapefruit	(M) greipfrūts
Limette	(M) laims
Pfirsich	(M) persiks
Aprikose	(F) aprikoze

Pflaume	(F) plūme
Kirsche	(M) ķirsis
Brombeere	(F) kazene
Cranberry	(F) dzērvene
Heidelbeere	(F) mellene
Himbeere	(F) avene
Johannisbeere	(F) upene
Zuckermelone	(F) melone
Weintraube	(F) vīnoga
Avocado	(M) avokado
Kiwi	(M) kivi
Litschi	(F) līčija
Papaya	(F) papaija
Mango	(M) mango
Pistazie	(F) pistācija
Cashewnuss	(M) indijas rieksts
Erdnuss	(M) zemesrieksts
Haselnuss	(M) lazdu rieksts
Walnuss	(M) valrieksts
Mandel	(F) mandele
Kokosnuss	(M) kokosrieksts
Dattel	(F) datele
Feige	(F) vīģe
Rosine	(F) rozīne
Olive	(F) olīva
Kern	(M) kauliņš
Schale	(F) miza
Jackfrucht	(M) džekfrūts

Gewürze

Salz	(M) sāls

Pfeffer	(M) pipars
Curry	(M) karijs
Vanille	(F) vaniļa
Muskatnuss	(M) muskatrieksts
Paprikapulver	(M) paprikas pulveris
Zimt	(M) kanēlis
Zitronengras	(F) citronzāle
Fenchel	(M) fenhelis
Thymian	(M) timiāns
Minze	(F) piparmētra
Schnittlauch	(M) maurloki
Majoran	(M) majorāns
Basilikum	(M) baziliks
Rosmarin	(M) rozmarīns
Dill	(F) dilles
Koriander	(M) koriandrs
Oregano	(M) oregano

Produkte

Mehl	(M) milti
Zucker	(M) cukurs
Reis	(M) rīsi
Brot	(F) maize
Nudel	(F) nūdele
Öl	(F) eļļa
Soja	(F) soja
Weizen	(M) kvieši
Hafer	(F) auzas
Zuckerrübe	(F) cukurbiete
Zuckerrohr	(F) cukurniedre
Rapsöl	(F) rapšu eļļa

Sonnenblumenöl	(F) saulespuķu eļļa
Olivenöl	(F) olīveļļa
Erdnussöl	(F) zemesriekstu eļļa
Sojamilch	(M) sojas piens
Maiskeimöl	(F) kukurūzas eļļa
Essig	(M) etiķis
Hefe	(M) raugs
Backpulver	(M) cepamais pulveris
Gluten	(M) glutēns
Tofu	(M) tofu
Puderzucker	(M) pūdercukurs
Kristallzucker	(M) smalkais cukurs
Vanillezucker	(M) vaniļas cukurs
Tabak	(F) tabaka

Frühstück

Honig	(M) medus
Marmelade	(M) ievārījums
Erdnussbutter	(M) zemesriekstu sviests
Nuss	(M) rieksts
Haferflocken	(F) auzu pārslas
Frühstücksflocken	(F) brokastu pārslas
Ahornsirup	(M) kļavu sīrups
Schokoladencreme	(M) šokolādes krēms
Haferbrei	(F) biezputra
Baked beans	(F) ceptas pupiņas
Rührei	(M) olu kultenis
Müsli	(M) muslis
Fruchtsalat	(M) augļu salāti
Dörrobst	(M) žāvēts auglis

Süßigkeiten

Kuchen	(F) kūka
Keks	(M) cepums
Muffin	(M) mafins
Keks	(M) cepums
Schokolade	(F) šokolāde
Bonbon	(F) konfekte
Donut	(M) virtulis
Brownie	(M) braunijs
Pudding	(M) pudiņš
Vanillesauce	(M) olu krēms
Käsekuchen	(F) siera kūka
Crêpe	(F) plānās pankūkas
Croissant	(M) kruasāns
Pfannkuchen	(F) pankūka
Waffel	(F) vafele
Apfelkuchen	(M) ābolu pīrāgs
Marshmallow	(M) zefīrs
Kaugummi	(F) košļājamā gumija
Fruchtgummi	(F) želejas konfekte
Lakritze	(F) lakrica
Karamell	(F) karamele
Zuckerwatte	(F) cukurvate
Nugat	(F) nuga

Getränke

Wasser	(M) ūdens
Tee	(F) tēja
Kaffee	(F) kafija
Cola	(F) kola
Milkshake	(M) piena kokteilis

Orangensaft	(F) apelsīnu sula
Soda	(M) gāzēts ūdens
Leitungswasser	(M) krāna ūdens
schwarzer Tee	(F) melnā tēja
grüner Tee	(F) zaļā tēja
Milchtee	(F) piena tēja
heiße Schokolade	(F) karstā šokolāde
Cappuccino	(M) kapučīno
Espresso	(M) espreso
Mokka	(F) mokas kafija
Eiskaffee	(F) ledus kafija
Limonade	(F) limonāde
Apfelsaft	(F) ābolu sula
Smoothie	(M) smūtijs
Energy Drink	(M) enerģijas dzēriens

Alkohol

Wein	(M) vīns
Bier	(M) alus
Champagner	(M) šampanietis
Rotwein	(M) sarkanvīns
Weißwein	(M) baltvīns
Gin	(M) džins
Wodka	(M) degvīns
Whiskey	(M) viskijs
Rum	(M) rums
Brandy	(M) brendijs
Apfelwein	(M) sidrs
Tequila	(F) tekila
Cocktail	(M) kokteilis
Martini	(M) martini

Likör	(M) liķieris
Sake	(M) sakē
Sekt	(M) dzirkstošais vīns

Mahlzeiten

Suppe	(F) zupa
Salat (Gericht)	(M) salāti
Nachtisch	(M) saldais ēdiens
Vorspeise	(M) pirmais ēdiens
Beilage	(F) piedevas
Snack	(F) uzkoda
Frühstück	(F) brokastis
Mittagessen	(F) pusdienas
Abendessen	(F) vakariņas
Picknick	(M) pikniks
Meeresfrüchte	(F) jūras veltes
Streetfood	(M) ielu ēdiens
Speisekarte	(F) ēdienkarte
Trinkgeld	(F) dzeramnauda
Buffet	(F) bufete

Westliches Essen

Pizza	(F) pica
Spaghetti	(M) spageti
Kartoffelsalat	(M) kartupeļu salāti
Senf	(F) sinepes
Grillen	(M) barbekjū
Steak	(M) steiks
Brathähnchen	(F) krāsnī cepta vista
Pie	(M) pīrāgs
Fleischkloß	(F) gaļas bumbiņa

Lasagne	(F) lazanja
Bratwurst	(F) cepta desa
Spieß	(M) iesms
Gulasch	(M) gulašs
Schweinsbraten	(F) krāsnī cepta cūkgaļa
Kartoffelpüree	(M) kartupeļu biezenis

asiatisches Essen

Sushi	(M) suši
Frühlingsrolle	(M) pavasara rullītis
Fertignudeln	(F) ātrās nūdeles
gebratene Nudeln	(F) ceptas nūdeles
gebratener Reis	(M) cepti rīsi
Ramen	ramen
Teigtasche	(M) pelmenis
Dim sum	dim sum
Feuertopf	(M) karstais podiņš
Pekingente	(F) Pekinas pīle

Fast Food

Burger	(M) burgers
Pommes frites	(M) frī kartupeļi
Chips	(M) čipsi
Ketchup	(F) tomātu mērce
Mayonnaise	(F) majonēze
Popcorn	(M) popkorns
Hamburger	(M) hamburgers
Cheeseburger	(M) čīzburgers
Hotdog	(M) hotdogs
Sandwich	(F) sviestmaize
Chicken Nugget	(M) vistas nagets

Fish and Chips	(F) zivs un frī kartupeļi
Kebab	(M) kebabs
Chicken Wings	(M) vistas spārniņi
Zwiebelring	(M) sīpolu gredzens
Kartoffelspalten	(F) kartupeļu daiviņas
Nachos	(M) načos čipsi

Leben

Urlaub

Gepäck	(F) bagāža
Hotel	(F) viesnīca
Reisepass	(F) pase
Zelt	(F) telts
Schlafsack	(M) guļammaiss
Rucksack	(F) mugursoma
Zimmerschlüssel	(F) istabas atslēga
Gast	(M) viesis
Eingangshalle	(M) vestibils
Zimmernummer	(M) istabas numurs
Einzelzimmer	(M) vienvietīgs numurs
Doppelzimmer	(M) divvietīgs numurs
Schlafsaal	(F) kopmītnes istaba
Zimmerservice	(F) apkalpošana numurā
Minibar	(M) minibārs
Reservierung	(F) rezervācija
Mitgliedschaft	(F) piederība
Strand	(F) pludmale
Sonnenschirm	(M) saulessargs
Camping	(M) kempings
Campingplatz	(F) kempinga vieta
Lagerfeuer	(M) ugunskurs
Luftmatratze	(M) piepūšamais matracis
Postkarte	(F) pastkarte
Tagebuch	(F) dienasgrāmata
Visum	(F) vīza
Jugendherberge	(M) hostelis
Buchung	(F) rezervēšana

Mitglied	(M) biedrs

Uhrzeit

Sekunde	(F) sekunde
Minute	(F) minūte
Stunde	(F) stunda
Morgen	(M) rīts
Mittag	(M) pusdienlaiks
Abend	(M) vakars
Vormittag	(M) rīts
Nachmittag	(F) pēcpusdiena
Nacht	(F) nakts
1:00	pulksten viens
2:05	piecas pāri diviem
3:10	desmit pāri trijiem
4:15	piecpadsmit pāri četriem
5:20	divdesmit pāri pieciem
6:25	divdesmit piecas pāri sešiem
7:30	pusastoņi
8:35	astoņi trīsdesmit piecas
9:40	bez divdesmit desmit
10:45	bez piecpadsmit vienpadsmit
11:50	bez desmit divpadsmit
12:55	bez piecām viens
ein Uhr früh	viens naktī
zwei Uhr nachmittags	divi pēcpusdienā
halbe Stunde	pusstunda
Viertelstunde	piecpadsmit minūtes
Dreiviertelstunde	četrdesmit piecas minūtes
Mitternacht	(F) pusnakts
jetzt	tagad

Datum

vorgestern	aizvakar
gestern	vakar
heute	šodien
morgen	rīt
übermorgen	parīt
Frühling	(M) pavasaris
Sommer	(F) vasara
Herbst	(M) rudens
Winter	(F) ziema
Montag	(F) pirmdiena
Dienstag	(F) otrdiena
Mittwoch	(F) trešdiena
Donnerstag	(F) ceturtdiena
Freitag	(F) piektdiena
Samstag	(F) sestdiena
Sonntag	(F) svētdiena
Tag	(F) diena
Woche	(F) nedēļa
Monat	(M) mēnesis
Jahr	(M) gads
Januar	(M) janvāris
Februar	(M) februāris
März	(M) marts
April	(M) aprīlis
Mai	(M) maijs
Juni	(M) jūnijs
Juli	(M) jūlijs
August	(M) augusts
September	(M) septembris
Oktober	(M) oktobris

November	(M) novembris
Dezember	(M) decembris
Jahrhundert	(M) gadsimts
Jahrzehnt	(F) dekāde
Jahrtausend	(F) tūkstošgade
2014-01-01	divi tūkstoši četrpadsmitā gada pirmais janvāris
2015-04-03	divi tūkstoši piecpadsmitā gada trešais aprīlis
2016-05-17	divi tūkstoši sešpadsmitā gada septiņpadsmitais maijs
1988-04-12	tūkstoš deviņi simti astoņdesmit astotā gada divpadsmitais aprīlis
1899-10-13	tūkstoš astoņi simti deviņdesmit devītā gada trīspadsmitais oktobris
2000-12-12	divi tūkstošā gada divpadsmitais decembris
1900-11-11	tūkstoš deviņi simtā gada vienpadsmitais novembris
2010-07-14	divi tūkstoši desmitā gada četrpadsmitais jūlijs
1907-09-30	tūkstoš deviņi simti septītā gada trīsdesmitais septembris
2003-02-25	divi tūkstoši trešā gada divdesmit piektais februāris
letzte Woche	pagājušonedēļ
diese Woche	šonedēļ
nächste Woche	nākamnedēļ
letztes Jahr	pagājušogad
dieses Jahr	šogad
nächstes Jahr	nākamgad
letzten Monat	pāgājušomēnes
diesen Monat	šomēnes
nächsten Monat	nākammēnes
Geburtstag	(F) dzimšanas diena
Weihnachten	(M) Ziemassvētki
Neujahr	(M) Jaunais gads

Ramadan	(M) Ramadāns
Halloween	(M) Halovīns
Erntedankfest	(F) Pateicības diena
Ostern	(F) Lieldienas

Verwandte

Tochter	(F) meita
Sohn	(M) dēls
Mutter	(F) māte
Vater	(M) tēvs
Ehefrau	(F) sieva
Ehemann	(M) vīrs
Großvater (väterlicherseits)	(M) vectēvs
Großvater (mütterlicherseits)	(M) vectēvs
Großmutter (väterlicherseits)	(F) vecāmāte
Großmutter (mütterlicherseits)	(F) vecāmāte
Tante	(F) tante
Onkel	(M) tēvocis
Cousin	(M) brālēns
Cousine	(F) māsīca
großer Bruder	(M) vecākais brālis
kleiner Bruder	(M) mazais brālis
große Schwester	(F) vecākā māsa
kleine Schwester	(F) mazā māsa
Nichte	(F) brāļameita / māsasmeita
Neffe	(M) brāļadēls / māsasdēls
Schwiegertochter	(F) vedekla
Schwiegersohn	(M) znots
Enkel	(M) mazdēls
Enkelin	(F) mazmeita
Schwager	(M) svainis

Schwägerin	(F) svaine
Schwiegervater	(M) vīratēvs / sievastēvs
Schwiegermutter	(F) vīramāte / sievasmāte
Eltern	(M) vecāki
Schwiegereltern	(M) vīra vecāki / sievas vecāki
Geschwister	(M / F) brālis / māsa
Enkelkind	(M) mazbērns
Stiefvater	(M) patēvs
Stiefmutter	(F) pamāte
Stieftochter	(F) pameita
Stiefsohn	(M) padēls
Papa	(M) tētis
Mama	(F) mamma

Leben

Mann	(M) vīrietis
Frau	(F) sieviete
Kind	(M) bērns
Junge	(M) zēns
Mädchen	(F) meitene
Baby	(M) mazulis
Liebe	(F) mīlestība
Job	(M) darbs
Tod	(F) nāve
Geburt	(F) dzimšana
Säugling	(M) zīdainis
Geburtsurkunde	(F) dzimšanas apliecība
Kinderkrippe	(F) bēbīšu skoliņa
Kindergarten	(M) bērnudārzs
Grundschule	(F) sākumskola
Zwillinge	(M) dvīņi

Drillinge	(M) trīnīši
Mittelschule	(F) pamatskola
Oberstufe	(F) vidusskola
Freund (normal)	(M) draugs
Freundin	(F) draudzene
Freund (Beziehung)	(M) draugs
Universität	(F) universitāte
Lehre	(F) arodapmācība
Graduierung	(M) izlaidums
Verlobung	(F) saderināšanās
Verlobte	(F) līgava
Verlobte	(M) līgavainis
Liebeskummer	(F) salauzta sirds
Sex	(M) sekss
Verlobungsring	(M) saderināšanās gredzens
Kuss	(M) skūpsts
Hochzeit	(F) kāzas
Scheidung	(F) šķiršanās
Bräutigam	(M) līgavainis
Braut	(F) līgava
Hochzeitskleid	(F) kāzu kleita
Ehering	(M) laulības gredzens
Hochzeitstorte	(F) kāzu torte
Flitterwochen	(M) medusmēnesis
Beerdigung	(F) bēres
Pension	(F) aiziešana pensijā
Sarg	(M) zārks
Leichnam	(M) līķis
Urne	(F) urna
Grab	(M) kaps
Witwe	(F) atraitne

Witwer	(M) atraitnis
Waisenkind	(M) bārenis
Testament	(M) testaments
Erbe	(M) mantinieks
Erbe	(M) mantojums
Geschlecht	(M) dzimums
Friedhof	(F) kapsēta

Verkehr

Auto

Reifen	(F) riepa
Lenkrad	(F) stūre
Gaspedal	(M) gāzes pedālis
Bremse	(F) bremzes
Kupplung	(M) sajūgs
Hupe	(F) taure
Scheibenwischer	(F) vējstikla slotiņas
Batterie	(M) akumulators
Kofferraum	(M) aizmugurējais bagažnieks
Seitenspiegel	(M) sānu spogulis
Rückspiegel	(M) atpakaļskata spogulis
Windschutzscheibe	(M) vējstikls
Motorhaube	(M) motora pārsegs
Seitentür	(F) sāna durvis
Vorderlicht	(M) priekšējais lukturis
Stoßstange	(M) bamperis
Sicherheitsgurt	(F) drošības josta
Diesel	(M) dīzelis
Benzin	(M) benzīns
Rücksitz	(M) aizmugurējais sēdeklis
Vordersitz	(M) priekšējais sēdeklis
Gangschaltung	(F) ātrumkārba
Automatik	(F) automātiskā ātrumkārba
Armaturenbrett	(M) auto panelis
Airbag	(M) drošības spilvens
GPS	(M) GPS
Geschwindigkeitsanzeige	(M) spidometrs
Schaltknüppel	(M) ātrumpārslēgs

Motor	(M) dzinējs
Auspuff	(M) izpūtējs
Handbremse	(F) rokas bremze
Stoßdämpfer	(M) amortizators
Rücklicht	(M) aizmugurējais lukturis
Bremslicht	(F) bremžu gaisma

Bus & Bahn

Zug	(M) vilciens
Bus	(M) autobuss
Straßenbahn	(M) tramvajs
U-Bahn	(M) metro
Bushaltestelle	(F) autobusa pietura
Bahnhof	(F) vilciena stacija
Fahrplan	(M) saraksts
Fahrpreis	(F) braukšanas maksa
Kleinbus	(M) mikroautobuss
Schulbus	(M) skolas autobuss
Bahnsteig	(M) perons
Lokomotive	(F) lokomotīve
Dampfzug	(M) tvaika vilciens
Hochgeschwindigkeitszug	(M) ātrgaitas vilciens
Schwebebahn	(M) viensliedes dzelzceļš
Güterzug	(M) kravas vilciens
Fahrkartenschalter	(F) biļešu kase
Fahrscheinautomat	(M) biļešu automāts
Gleis	(M) sliežu ceļš

Flugzeug

Flughafen	(F) lidosta
Notausgang (im Flugzeug)	(F) avārijas izeja

Hubschrauber	(M) helikopters
Flügel	(M) spārns
Triebwerk	(M) lidmašīnas dzinējs
Schwimmweste	(F) glābšanas veste
Cockpit	(F) pilotu kabīne
Reihe	(F) rinda
Fenster (im Flugzeug)	(M) logs
Gang (im Flugzeug)	(F) eja
Segelflugzeug	(M) planieris
Frachtflugzeug	(F) kravas lidmašīna
Business-Class	(F) biznesa klase
Economy-Class	(F) ekonomiskā klase
First-Class	(F) pirmā klase
Handgepäck	(F) rokas bagāža
Abflugschalter	(F) reģistratūra
Fluggesellschaft	(F) aviokompānija
Tower	(M) vadības tornis
Zoll	(F) muita
Ankunft	(F) ielidošana
Abflug	(F) izlidošana
Landebahn	(M) skrejceļš

Schiff

Hafen	(F) osta
Container	(M) konteiners
Containerschiff	(M) konteinerkuģis
Jacht	(F) jahta
Fähre	(M) prāmis
Anker	(M) enkurs
Ruderboot	(F) airu laiva
Schlauchboot	(F) gumijas laiva

Mast	(M) masts
Rettungsring	(M) glābšanas riņķis
Segel	(F) bura
Radar	(M) radars
Deck	(M) klājs
Rettungsboot	(F) glābšanas laiva
Brücke	(M) komandtilts
Maschinenraum	(F) mašīntelpa
Kabine	(F) kajīte
Segelboot	(F) buru laiva
U-Boot	(F) zemūdene
Flugzeugträger	(M) aviācijas bāzeskuģis
Kreuzfahrtschiff	(M) kruīza kuģis
Fischerboot	(M) zvejas kuģis
Pier	(M) mols
Leuchtturm	(F) bāka
Kanu	(F) kanoe

Infrastruktur

Straße	(M) ceļš
Autobahn	(F) automaģistrāle
Tankstelle	(F) degvielas uzpildes stacija
Ampel	(M) luksofors
Baustelle	(M) būvlaukums
Parkplatz	(F) autostāvvieta
Stau	(M) sastrēgums
Kreuzung	(M) krustojums
Maut	(F) nodeva
Überführung	(M) ceļa pārvads
Unterführung	(M) tunelis
Einbahnstraße	(F) vienvirziena iela

Zebrastreifen	(F) gājēju pāreja
Geschwindigkeitsgrenze	(M) ātruma ierobežojums
Kreisverkehr	(M) apļveida krustojums
Parkuhr	(M) autostāvvietas skaitītājs
Waschanlage	(F) automazgātuve
Gehsteig	(M) trotuārs
Stoßzeit	(F) sastrēguma stunda
Straßenlaterne	(M) ielu apgaismojums

Sonstige

Auto	(F) automašīna
Schiff	(M) kuģis
Flugzeug	(F) lidmašīna
Fahrrad	(M) velosipēds
Taxi	(M) taksometrs
Lastwagen	(F) kravas automašīna
Schneemobil	(M) sniega motocikls
Seilbahn	(M) trošu vagoniņš
Oldtimer	(M) retro auto
Limousine	(M) limuzīns
Motorrad	(M) motocikls
Motorroller	(M) motorolleris
Tandem	(M) tandēms
Rennrad	(M) sacīkšu velosipēds
Heißluftballon	(M) gaisa balons
Wohnwagen	(F) karavāna
Anhänger	(F) piekabe
Kindersitz	(M) bērnu sēdeklis
Frostschutzmittel	(M) antifrīzs
Wagenheber	(M) domkrats
Kette	(F) ķēde

Luftpumpe	(M) gaisa pumpis
Traktor	(M) traktors
Mähdrescher	(M) kombains
Bagger	(M) ekskavators
Walze	(M) ceļa rullis
Kranwagen	(M) kravas celtnis
Panzer	(M) tanks
Betonmischer	(M) betona maisītājs
Gabelstapler	(M) autoiekrāvējs

Kultur

Kino & TV

Fernsehen	(F) televīzija
Kino	(M) kinoteātris
Eintrittskarte	(F) biļete
Komödie	(F) komēdija
Krimi	(M) trilleris
Horrorfilm	(F) šausmu filma
Western	(M) vesterns
Science-Fiction	(F) zinātniskā fantastika
Zeichentrickfilm	(F) animācijas filma
Leinwand	(M) ekrāns
Sitz	(M) sēdeklis
Nachrichten	(F) ziņas
Kanal	(M) kanāls
Fernsehserie	(M) seriāls

Instrumente

Geige	(F) vijole
Keyboard	(M) sintezators
Klavier	(F) klavieres
Trompete	(F) trompete
Gitarre	(F) ģitāra
Querflöte	(F) flauta
Harfe	(F) arfa
Kontrabass	(M) kontrabass
Viola	(M) alts
Cello	(M) čells
Oboe	(F) oboja
Saxophon	(M) saksofons

Fagott	(M) fagots
Klarinette	(F) klarnete
Tamburin	(M) tamburīns
Becken	(M) šķīvji
Wirbeltrommel	(F) mazās bungas
Pauke	(M) timpāns
Triangel	(M) trīsstūris
Posaune	(M) trombons
Waldhorn	(M) mežrags
Tuba	(F) tuba
Bassgitarre	(F) basģitāra
E-Gitarre	(F) elektriskā ģitāra
Schlagzeug	(F) bungas
Orgel	(F) ērģeles
Xylophon	(M) ksilofons
Akkordeon	(M) akordeons
Ukulele	(F) ukulele
Mundharmonika	(F) mutes harmonikas

Musik

Oper	(F) opera
Orchester	(M) orķestris
Konzert	(M) koncerts
klassische Musik	(F) klasiskā mūzika
Pop	(F) popmūzika
Jazz	(M) džezs
Blues	(M) blūzs
Punk	(M) pankroks
Rock (Musik)	(M) roks
Volksmusik	(F) folkmūzika
Heavy Metal	(M) smagais metāls

Rap	(M) reps
Reggae	(M) regejs
Liedtext	(M) dziesmas vārdi
Melodie	(F) melodija
Note	(M) nots
Notenschlüssel	(F) nošu atslēga
Symphonie	(F) simfonija

Kunst

Theater	(M) teātris
Bühne	(F) skatuve
Publikum	(M) skatītāji
Gemälde	(F) glezna
Zeichnung	(M) zīmējums
Palette	(F) palete
Pinsel	(F) ota
Ölfarbe	(F) eļļas krāsa
Origami	(M) origami
Töpferei	(F) podniecība
Holzarbeit	(M) koka izstrādājumi
Bildhauerei	(F) skulptūru veidošana
Ensemble	(F) aktieru grupa
Theaterstück	(F) luga
Manuskript	(M) scenārijs
Porträt	(M) portrets

Tanzen

Ballett	(M) balets
Wiener Walzer	(M) Vīnes valsis
Tango	(M) tango
Standardtänze	(F) balles dejas

Lateinamerikanische Tänze	(F) latīņamerikas dejas
Rock 'n' Roll	(M) rokenrols
langsamer Walzer	(M) valsis
Quickstep	(M) kviksteps
Cha-Cha-Cha	(F) ča-ča-ča
Jive	(M) džaivs
Salsa	(F) salsa
Samba	(F) samba
Rumba	(F) rumba

Schrift

Zeitung	(F) avīze
Magazin	(M) žurnāls
Werbung	(F) reklāma
Buchstabe	(M) burts
Schriftzeichen	(M) simbols
Text	(M) teksts
Flugblatt	(F) skrejlapa
Broschüre	(F) brošūra
Comicbuch	(M) komikss
Artikel	(M) raksts
Fotoalbum	(M) fotoalbums
Newsletter	(M) biļetens
Witz	(M) joks
Sudoku	(M) sudoku
Kreuzworträtsel	(F) krustvārdu mīklas
Karikatur	(F) karikatūra
Inhaltsverzeichnis	(M) satura rādītājs
Vorwort	(M) priekšvārds
Inhalt	(M) saturs
Überschrift	(M) virsraksts

Verlag	(M) izdevējs
Roman	(F) novele
Schulbuch	(F) mācību grāmata
Alphabet	(M) alfabēts

Schule

Basics

Buch	(F) grāmata
Wörterbuch	(F) vārdnīca
Bücherei	(F) bibliotēka
Prüfung	(M) eksāmens
Tafel	(F) tāfele
Schreibtisch	(M) rakstāmgalds
Kreide	(M) krīts
Schulhof	(M) skolas pagalms
Schuluniform	(F) skolas forma
Schultasche	(F) skolas soma
Heft	(F) klade
Schulstunde	(F) stunda
Hausaufgabe	(M) mājas darbs
Aufsatz	(F) eseja
Semester	(M) semestris
Sportplatz	(M) sporta laukums
Lesesaal	(F) lasītava

Fächer

Geschichte	(F) vēsture
Wissenschaft	(F) zinātne
Physik	(F) fizika
Chemie	(F) ķīmija
Kunst	(F) māksla
Englisch	(F) angļu valoda
Latein	(F) latīņu valoda
Spanisch	(F) spāņu valoda
Mandarin	(F) ķīniešu valoda

Japanisch	(F) japāņu valoda
Französisch	(F) franču valoda
Deutsch	(F) vācu valoda
Arabisch	(F) arābu valoda
Literatur	(F) literatūra
Erdkunde	(F) ģeogrāfija
Mathematik	(F) matemātika
Biologie	(F) bioloģija
Sportunterricht	(M) sports
Wirtschaftskunde	(F) ekonomika
Philosophie	(F) filozofija
politische Bildung	(F) politika
Geometrie	(F) ģeometrija

Schreibwaren

Stift	(F) pildspalva
Bleistift	(M) zīmulis
Radiergummi	(F) dzēšgumija
Schere	(F) šķēres
Lineal	(M) lineāls
Locher	(M) caurumotājs
Büroklammer	(F) saspraude
Kugelschreiber	(F) lodīšu pildspalva
Klebstoff	(F) līme
Klebeband	(F) līmlente
Klammermaschine	(M) skavotājs
Ölkreide	(M) eļļas pastelis
Tinte	(F) tinte
Buntstift	(M) krāsainie zīmuļi
Spitzer	(M) zīmuļu asināmais
Federmappe	(M) penālis

Mathematik

Ergebnis	(M) rezultāts
Addition	(F) saskaitīšana
Subtraktion	(F) atņemšana
Multiplikation	(F) reizināšana
Division	(F) dalīšana
Bruch (Mathematik)	(M) daļskaitlis
Zähler	(M) skaitītājs
Nenner	(M) saucējs
Arithmetik	(F) aritmētika
Gleichung	(M) vienādojums
der Erste	(M) pirmais
der Zweite	(M) otrais
der Dritte	(M) trešais
der Vierte	(M) ceturtais
Millimeter	(M) milimetrs
Zentimeter	(M) centimetrs
Dezimeter	(M) decimetrs
Yard	(M) jards
Meter	(M) metrs
Meile	(F) jūdze
Quadratmeter	(M) kvadrātmetrs
Kubikmeter	(M) kubikmetrs
Fuß	(F) pēda
Zoll	(F) colla
0%	nulle procentu
100%	simts procenti
3%	trīs procenti

Geometrie

Kreis	(M) aplis

Quadrat	(M) kvadrāts
Dreieck	(M) trijstūris
Höhe	(M) augstums
Breite	(M) platums
Vektor	(M) vektors
Diagonale	(F) diagonāle
Radius	(M) rādiuss
Tangente	(M) tangenss
Ellipse	(F) elipse
Rechteck	(M) taisnstūris
Parallelogramm	(M) paralelograms
Achteck	(M) astoņstūris
Sechseck	(M) sešstūris
Raute	(M) rombs
Trapez	(F) trapece
Kegel	(M) konuss
Zylinder	(M) cilindrs
Würfel	(M) kubs
Pyramide	(F) piramīda
Gerade	(F) taisna līnija
rechter Winkel	(M) taisns leņķis
Winkel	(M) leņķis
Kurve	(F) līkne
Volumen	(M) tilpums
Fläche	(M) laukums
Kugel	(F) sfēra

Wissenschaft

Gramm	(M) grams
Kilo	(M) kilograms
Tonne	(F) tonna

Liter	(M) litrs
Volt	(M) volts
Watt	(M) vats
Ampere	(M) ampērs
Labor	(F) laboratorija
Trichter	(F) piltuve
Petrischale	(M) Petri trauks
Mikroskop	(M) mikroskops
Magnet	(M) magnēts
Pipette	(F) pipete
Filter	(M) filtrs
Pfund	(F) mārciņa
Unze	(F) unce
Milliliter	(M) mililitrs
Kraft	(M) spēks
Schwerkraft	(F) gravitācija
Relativitätstheorie	(F) relativitātes teorija

Universität

Vorlesung	(F) lekcija
Kantine	(F) ēdnīca
Stipendium	(F) stipendija
Graduierungsfeier	(F) izlaiduma ceremonija
Hörsaal	(F) auditorija
Bachelor	(M) bakalaurs
Master	(M) maģistrs
Doktor	(M) doktora grāds
Diplom	(M) diploms
akademischer Grad	(M) grāds
Diplomarbeit	(F) tēze
Forschung	(F) pētniecība

Business School	(F) biznesa skola

Schriftzeichen

Punkt	(M) punkts
Fragezeichen	(F) jautājuma zīme
Ausrufezeichen	(F) izsaukuma zīme
Leerzeichen	(F) atstarpe
Doppelpunkt	(M) kols
Komma	(M) komats
Bindestrich	(F) domuzīme
Unterstrich	(M) pasvītrojums
Apostroph	(M) apostrofs
Strichpunkt	(M) semikols
()	(F) iekava
/	(F) slīpsvītra
&	un
...	un tā tālāk
1 + 2	viens plus divi
2 x 3	divi reiz trīs
3 - 2	trīs mīnus divi
1 + 1 = 2	viens plus viens ir divi
4 / 2	četri dalīts ar divi
4^2	četri kvadrātā
6^3	seši kubā
3 hoch 5	trīs piektajā pakāpē
3.4	trīs komats četri
www.pinhok.com	www punkts pinhok punkts kom
contact@pinhok.com	kontakt et pinhok punkts kom
x < y	x ir mazāks par y
x > y	x ir lielāks par y
x >= y	x ir lielāks vai vienāds ar y
x <= y	x ir mazāks vai vienāds ar y

Natur

Elemente

Feuer	(F) uguns
Boden	(F) augsne
Asche	(M) pelni
Sand	(F) smiltis
Kohle	(F) ogle
Diamant	(M) dimants
Ton	(M) māls
Kalk	(M) krīts
Kalkstein	(M) kaļķakmens
Granit	(M) granīts
Rubin	(M) rubīns
Opal	(M) opāls
Jade	(M) nefrīts
Saphir	(M) safīrs
Quarz	(M) kvarcs
Kalzit	(M) kalcīts
Graphit	(M) grafīts
Lava	(F) lava
Magma	(F) magma

Universum

Planet	(F) planēta
Stern	(F) zvaigzne
Sonne	(F) saule
Erde	(F) zeme
Mond	(M) mēness
Rakete	(F) raķete
Merkur	(M) Merkurs

Venus	(F) Venēra
Mars	(M) Marss
Jupiter	(M) Jupiters
Saturn	(M) Saturns
Neptun	(M) Neptūns
Uranus	(M) Urāns
Pluto	(M) Plutons
Komet	(F) komēta
Asteroid	(M) asteroīds
Galaxie	(F) galaktika
Milchstraße	(M) Piena Ceļš
Mondfinsternis	(M) mēness aptumsums
Sonnenfinsternis	(M) saules aptumsums
Meteorit	(M) meteorīts
schwarzes Loch	(M) melnais caurums
Satellit	(M) satelīts
Raumstation	(F) kosmosa stacija
Raumfähre	(M) kosmosa kuģis
Teleskop	(M) teleskops

Erde (1)

Äquator	(M) ekvators
Nordpol	(M) Ziemeļpols
Südpol	(M) Dienvidpols
Tropen	(F) tropu josla
Nordhalbkugel	(F) ziemeļu puslode
Südhalbkugel	(F) dienvidu puslode
Längengrad	(M) garuma grādi
Breitengrad	(M) platuma grādi
Pazifik	(M) Klusais okeāns
Atlantik	(M) Atlantijas okeāns

Mittelmeer	(F) Vidusjūra
Schwarzes Meer	(F) Melnā jūra
Sahara	(F) Sahāra
Himalaja	(M) Himalaji
Indischer Ozean	(M) Indijas okeāns
Rotes Meer	(F) Sarkanā jūra
Amazonas	(F) Amazone
Anden	(M) Andi
Kontinent	(M) kontinents

Erde (2)

Meer	(F) jūra
Insel	(F) sala
Berg	(M) kalns
Fluss	(F) upe
Wald	(M) mežs
Wüste	(M) tuksnesis
See	(M) ezers
Vulkan	(M) vulkāns
Höhle	(F) ala
Pol	(M) pols
Ozean	(M) okeāns
Halbinsel	(F) pussala
Atmosphäre	(F) atmosfēra
Erdkruste	(F) zemes garoza
Erdkern	(M) zemes kodols
Bergkette	(F) kalnu grēda
Krater	(M) krāteris
Erdbeben	(F) zemestrīce
Flutwelle	(M) paisuma vilnis
Gletscher	(M) šļūdonis

Tal	(F) ieleja
Hang	(F) nogāze
Ufer	(M) krasts
Wasserfall	(M) ūdenskritums
Fels	(M) akmens
Hügel	(M) pauguurs
Canyon	(M) kanjons
Moor	(M) purvs
Regenwald	(M) lietus mežs
Bach	(M) strauts
Geisir	(M) geizers
Küste	(M) krasts
Klippe	(F) klints
Korallenriff	(M) koraļļu rifs
Polarlicht	(F) ziemeļblāzma

Wetter

Regen	(M) lietus
Schnee	(M) sniegs
Eis	(M) ledus
Wind	(M) vējš
Sturm	(F) vētra
Wolke	(M) mākonis
Gewitter	(M) negaiss
Blitz	(M) zibens
Donner	(M) pērkons
Sonnenschein	(F) saule
Wirbelsturm	(F) viesuļvētra
Taifun	(M) taifūns
Temperatur	(F) temperatūra
Feuchtigkeit	(M) mitrums

Luftdruck	(M) gaisa spiediens
Regenbogen	(F) varavīksne
Nebel	(F) migla
Flut	(M) plūdi
Monsun	(M) musons
Tornado	(M) virpuļviesulis
Celsius	celsija grāds
Fahrenheit	farenheita grāds
-2 °C	mīnus divi grādi pēc Celsija
0 °C	nulle grādi pēc Celsija
12 °C	divpadsmit grādi pēc Celsija
-4 °F	mīnus četri grādi pēc Fārenheita
0 °F	nulle grādi pēc Fārenheita
30 °F	trīsdesmit grādi pēc Fārenheita

Bäume

Baum	(M) koks
Baumstamm	(M) stumbrs
Wurzel	(F) sakne
Blatt	(F) lapa
Ast	(M) zars
Bambus (Pflanze)	(M) bambuss
Eiche	(M) ozols
Eukalyptus	(M) eikalipts
Kiefer	(F) priede
Birke	(M) bērzs
Lärche	(F) lapegle
Buche	(M) dižskābardis
Palme	(F) palma
Ahorn	(F) kļava
Weide	(M) vītols

Pflanzen

Blume	(F) puķe
Gras	(F) zāle
Kaktus	(M) kaktuss
Stängel	(M) stumbrs
Blüte	(M) zieds
Samen	(F) sēkla
Blütenblatt	(F) ziedlapiņa
Nektar	(M) nektārs
Sonnenblume	(F) saulespuķe
Tulpe	(F) tulpe
Rose	(F) roze
Narzisse	(F) narcise
Löwenzahn	(F) pienene
Butterblume	(F) gundega
Schilf	(F) niedre
Farn	(F) paparde
Unkraut	(F) nezāle
Strauch	(M) krūms
Akazie	(F) akācija
Gänseblume	(F) margrietiņa
Schwertlilie	(M) īriss
Gladiole	(F) gladiola
Klee	(M) āboliņš
Seegras	(F) jūras zāle

Chemie

Gas	(F) gāze
Flüssigkeit	(M) šķidrums
Feststoff	(F) cieta viela
Atom	(M) atoms

Metall	(M) metāls
Kunststoff	(F) plastmasa
Ordnungszahl	(M) atomskaitlis
Elektron	(M) elektrons
Neutron	(M) neitrons
Proton	(M) protons
Nichtmetall	(M) nemetāls
Halbmetall	(M) pusmetāls
Isotop	(M) izotops
Molekül	(F) molekula
Ion	(M) jons
chemische Reaktion	(F) ķīmiskā reakcija
chemische Verbindung	(M) ķīmiskais savienojums
Strukturformel	(F) ķīmiskā struktūra
Periodensystem	(F) periodiskā tabula
Kohlendioxid	(M) oglekļa dioksīds
Kohlenmonoxid	(M) oglekļa monoksīds
Methan	(M) metāns

Periodensystem (1)

Wasserstoff	(M) ūdeņradis
Helium	(M) hēlijs
Lithium	(M) litijs
Beryllium	(M) berilijs
Bor	(M) bors
Kohlenstoff	(M) ogleklis
Stickstoff	(M) slāpeklis
Sauerstoff	(M) skābeklis
Fluor	(M) fluors
Neon	(M) neons
Natrium	(M) nātrijs

Magnesium	(M) magnijs
Aluminium	(M) alumīnijs
Silizium	(M) silīcijs
Phosphor	(M) fosfors
Schwefel	(M) sērs
Chlor	(M) hlors
Argon	(M) argons
Kalium	(M) kālijs
Kalzium	(M) kalcijs
Scandium	(M) skandijs
Titan	(M) titāns
Vanadium	(M) vanādijs
Chrom	(M) hroms
Mangan	(M) mangāns
Eisen	(M) dzelzs
Kobalt	(M) kobalts
Nickel	(M) niķelis
Kupfer	(M) varš
Zink	(M) cinks
Gallium	(M) gallijs
Germanium	(M) germānijs
Arsen	(M) arsēns
Selen	(M) selēns
Brom	(M) broms
Krypton	(M) kriptons
Rubidium	(M) rubīdijs
Strontium	(M) stroncijs
Yttrium	(M) itrijs
Zirconium	(M) cirkonijs

Periodensystem (2)

Niob	(M) niobijs
Molybdän	(M) molibdēns
Technetium	(M) tehnēcijs
Ruthenium	(M) rutēnijs
Rhodium	(M) rodijs
Palladium	(M) pallādijs
Silber	(M) sudrabs
Kadmium	(M) kadmijs
Indium	(M) indijs
Zinn	(F) alva
Antimon	(M) antimons
Tellur	(M) telūrs
Jod	(M) jods
Xenon	(M) ksenons
Zäsium	(M) cēzijs
Barium	(M) bārijs
Lanthan	(M) lantāns
Zer	(M) cērijs
Praseodym	(M) prazeodīms
Neodym	(M) neodīms
Promethium	(M) prometijs
Samarium	(M) samārijs
Europium	(M) eiropijs
Gadolinium	(M) gadolīnijs
Terbium	(M) terbijs
Dysprosium	(M) disprozijs
Holmium	(M) holmijs
Erbium	(M) erbijs
Thulium	(M) tūlijs
Ytterbium	(M) iterbijs

Lutetium	(M) lutēcijs
Hafnium	(M) hafnijs
Tantal	(M) tantals
Wolfram	(M) volframs
Rhenium	(M) rēnijs
Osmium	(M) osmijs
Iridium	(M) irīdijs
Platin	(M) platīns
Gold	(M) zelts
Quecksilber	(M) dzīvsudrabs

Periodensystem (3)

Thallium	(M) tallijs
Blei	(M) svins
Bismut	(M) bismuts
Polonium	(M) polonijs
Astat	(M) astats
Radon	(M) radons
Francium	(M) francijs
Radium	(M) rādijs
Aktinium	(M) aktīnijs
Thorium	(M) torijs
Protactinium	(M) protaktīnijs
Uran	(M) urāns
Neptunium	(M) neptūnijs
Plutonium	(M) plutonijs
Americium	(M) amerīcijs
Curium	(M) kirijs
Berkelium	(M) berklijs
Californium	(M) kalifornijs
Einsteinium	(M) einšteinijs

Fermium	(M) fermijs
Mendelevium	(M) mendeļejevijs
Nobelium	(M) nobēlijs
Lawrencium	(M) lourensijs
Rutherfordium	(M) rezerfordijs
Dubnium	(M) dubnijs
Seaborgium	(M) sībordžijs
Bohrium	(M) borijs
Hassium	(M) hasijs
Meitnerium	(M) meitnerijs
Darmstadtium	(M) darmštatijs
Röntgenium	(M) rentgenijs
Copernicium	(M) kopernikijs
Ununtrium	(M) nihonijs
Flerovium	(M) flerovijs
Ununpentium	(M) moskovijs
Livermorium	(M) livermorijs
Ununseptium	(M) tenesīns
Ununoctium	(M) oganesons

Kleidung

Schuhe

Flipflops	(F) iešļūcenes
Stöckelschuhe	(F) augstpapēžu kurpes
Turnschuhe	(M) sporta apavi
Gummistiefel	(M) gumijas zābaki
Sandalen	(F) sandales
Lederschuhe	(M) ādas apavi
Absatz	(M) papēdis
Sohle	(F) zole
Schnürsenkel	(F) šņore
Pantoffel	(F) čības
Badeschuhe	(F) vannas čības
Fußballschuhe	(M) futbola apavi
Schlittschuhe	(F) slidas
Wanderschuhe	(M) pārgājienu zābaki
Ballettschuhe	(F) baleta čības
Tanzschuhe	(F) deju kurpes

Kleidung

T-Shirt	(M) T krekls
kurze Hose	(M) šorti
Hose	(F) bikses
Jeans	(M) džinsi
Pullover	(M) džemperis
Hemd	(M) krekls
Anzug	(M) uzvalks
Kleid	(F) kleita
Rock (Kleidung)	(M) svārki
Mantel	(M) mētelis

Anorak	(F) vējjaka
Jacke	(F) žakete
Leggings	(M) legingi
Trainingshose	(F) treniņbikses
Trainingsanzug	(M) treniņtērps
Poloshirt	(M) polo krekls
Trikot	(M) sporta krekls
Windel	(M) autiņš
Hochzeitskleid	(F) kāzu kleita
Bademantel	(M) halāts
Strickweste	(M) kardigans
Blazer	(F) žakete
Regenmantel	(M) lietusmētelis
Abendkleid	(F) vakarkleita
Skianzug	(M) slēpošanas kostīms
Raumanzug	(M) skafandrs

Unterwäsche

BH	(M) krūšturis
String	(M) stringi
Slip	(F) biksītes
Unterhose	(F) apakšbikses
Unterhemd	(M) apakškrekls
Socke	(F) zeķe
Strumpfhose	(F) zeķubikses
Strumpf	(F) garā zeķe
lange Unterwäsche	(F) termo apakšveļa
Pyjama	(F) pidžama
Sport-BH	(M) sporta krūšturis
Negligé	(M) peņuārs
kleines Schwarzes	(F) mazā melnā kleita

Nachthemd	(M) naktskrekls
Dessous	(F) apakšveļa

Accessoires

Brille	(F) brilles
Sonnenbrille	(F) saulesbrilles
Regenschirm	(M) lietussargs
Ring	(M) gredzens
Ohrring	(M) auskars
Geldtasche	(M) kabatas portfelis
Armbanduhr	(M) rokas pulkstenis
Gürtel	(F) josta
Handtasche	(F) rokassoma
Handschuh	(M) cimds
Schal	(F) šalle
Hut	(F) cepure
Halskette	(F) kaklarota
Geldbörse	(M) sieviešu maks
Mütze	(F) adīta cepure
Krawatte	(F) kaklasaite
Fliege	(M) tauriņš
Kappe	(F) beisbola cepure
Brosche	(F) broša
Armband	(F) rokassprādze
Perlenkette	(F) pērļu kaklarota
Aktentasche	(M) portfelis
Kontaktlinse	(F) kontaktlēca
Sonnenhut	(F) saules cepure
Schlafmaske	(F) miega maska
Ohrstöpsel	(M) ausu aizbāznis
Tattoo	(M) tetovējums

Lätzchen	(M) priekšautiņš
Duschhaube	(F) dušas cepure
Orden	(F) medaļa
Krone	(M) kronis

Sport

Helm	(F) ķivere
Boxhandschuh	(M) boksa cimds
Flosse	(F) plezna
Badehose	(F) peldbikses
Bikini	(M) bikini
Badeanzug	(M) peldkostīms
Schienbeinschoner	(M) apakšstilba aizsargs
Schweißband	(F) matu lente
Schwimmbrille	(F) peldbrilles
Badekappe	(F) peldcepure
Neoprenanzug	(M) hidrotērps
Tauchermaske	(F) niršanas maska

Frisur

gelockt	sprogaini
glatt	taisni
Glatze	(F) plika galva
blond	blonds
brünett	brūns
rothaarig	ruds
Haargummi	(F) matu gumija
Haarspange	(F) matu sprādze
Dreadlocks	(M) dredi
Glätteisen	(M) matu taisnotājs
Schuppen	(F) blaugznas

gefärbt	krāsots
Perücke	(F) parūka
Pferdeschwanz	(F) zirgaste

Sonstiges

Knopf	(F) poga
Reißverschluss	(M) rāvējslēdzējs
Hosentasche	(F) kabata
Ärmel	(F) piedurkne
Kragen	(F) apkaklīte
Maßband	(F) mērlente
Schaufensterpuppe	(M) manekens
Baumwolle	(F) kokvilna
Stoff	(M) audums
Seide	(M) zīds
Nylon	(M) neilons
Polyester	(M) poliesters
Wolle	(F) vilna
Kleidergröße	(M) kleitas izmērs
Umkleidekabine	(F) pārģērbšanās kabīne

Drogerie

Frauen

Parfum	(F) smaržas
Tampon	(M) tampons
Slipeinlage	(M) biksīšu ieliktnis
Gesichtsmaske	(F) sejas maska
Binde	(F) higiēniskā pakete
Lockenstab	(F) lokšķēres
Antifaltencreme	(M) pretgrumbu krēms
Pediküre	(M) pedikīrs
Maniküre	(M) manikīrs

Männer

Nassrasierer	(M) skuveklis
Rasierschaum	(F) skūšanās putas
Elektrorasierer	(M) elektriskais skuveklis
Kondom	(M) prezervatīvs
Duschgel	(F) dušas želeja
Nagelzwicker	(F) nagu standziņas
Aftershave	(M) losjons pēc skūšanās
Gleitgel	(M) lubrikants
Haargel	(F) matu želeja
Nagelschere	(F) nagu šķēres
Lippenbalsam	(M) lūpu balzāms
Rasierklinge	(F) žilete

Gebrauchsartikel

Zahnbürste	(F) zobu birste
Zahnpasta	(F) zobu pasta
Kamm	(F) ķemme

Taschentuch	(F) papīra salvete
Creme	(M) krēms
Shampoo	(M) šampūns
Bürste	(F) birste
Body Lotion	(M) ķermeņa losjons
Gesichtscreme	(M) sejas krēms
Sonnencreme	(M) sauļošanās krēms
Insektenschutzmittel	(M) pretodu līdzeklis

Kosmetik

Lippenstift	(F) lūpu krāsa
Mascara	(F) skropstu tuša
Nagellack	(F) nagu laka
Foundation	(M) tonālais krēms
Nagelfeile	(F) nagu vīle
Lidschatten	(F) acu ēnas
Lidstrich	(M) acu zīmulis
Augenbrauenstift	(M) uzacu zīmulis
Gesichtswasser	(M) sejas toneris
Nagellackentferner	(M) nagu lakas noņēmējs
Pinzette	(F) pincete
Lipgloss	(M) lūpu spīdums
Abdeckstift	(M) korektors
Puder	(M) sejas pūderis
Puderquaste	(F) pūderslotiņa

Stadt

Einkaufen

Rechnung	(M) rēķins
Kasse	(F) kase
Korb	(M) grozs
Markt	(M) tirgus
Supermarkt	(M) lielveikals
Apotheke	(F) aptieka
Möbelhaus	(M) mēbeļu veikals
Spielzeugladen	(M) rotaļlietu veikals
Einkaufszentrum	(M) iepirkšanās centrs
Sportgeschäft	(M) sporta preču veikals
Fischmarkt	(M) zivju tirgus
Obsthändler	(M) augļu tirgotājs
Buchhandlung	(M) grāmatu veikals
Tierhandlung	(M) zoo veikals
Second-Hand Shop	(M) lietotu apģērbu veikals
Fußgängerzone	(F) gājēju zona
Platz	(M) laukums
Einkaufswagen	(M) iepirkšanās rati
Barcode	(M) svītrkods
Sonderangebot	(M) izdevīgs pirkums
Einkaufskorb	(M) iepirkšanās grozs
Garantie	(F) garantija
Barcodelesegerät	(M) svītrkodu skeneris

Gebäude

Haus	(F) māja
Wohnung	(M) dzīvoklis
Hochhaus (bzw. Wolkenkratzer)	(M) debesskrāpis

Krankenhaus	(F) slimnīca
Bauernhof	(F) ferma
Fabrik	(F) rūpnīca
Kindergarten	(M) bērnudārzs
Schule	(F) skola
Universität	(F) universitāte
Postamt	(M) pasts
Rathaus	(M) rātsnams
Lager	(F) noliktava
Kirche	(F) baznīca
Moschee	(F) mošeja
Tempel	(M) templis
Synagoge	(F) sinagoga
Botschaft	(F) vēstniecība
Dom	(F) katedrāle
Ruine	(F) drupas
Schloss	(F) pils

Freizeit

Bar	(M) bārs
Restaurant	(M) restorāns
Fitnessstudio	(F) sporta zāle
Park	(M) parks
Bank (Sitzbank)	(M) sols
Springbrunnen	(F) strūklaka
Tennisplatz	(M) tenisa korts
Schwimmhalle	(M) peldbaseins
Fußballstadion	(M) futbola stadions
Golfplatz	(M) golfa laukums
Skigebiet	(M) slēpošanas kūrorts
botanischer Garten	(M) botāniskais dārzs

Eislaufplatz	(F) slidotava
Nachtclub	(M) nakts klubs

Tourismus

Museum	(M) muzejs
Kasino	(M) kazino
Touristeninformation	(F) tūrisma informācija
WC	(F) tualete
Karte	(F) karte
Souvenir	(M) suvenīrs
Promenade	(F) promenāde
Touristenattraktion	(M) tūrisma objekts
Reiseführer	(M) tūristu ceļvedis
Denkmal	(M) piemineklis
Nationalpark	(M) nacionālais parks
Kunstgalerie	(F) mākslas galerija

Infrastruktur

Gasse	(F) aleja
Kanaldeckel	(F) kanalizācijas lūka
Damm	(M) aizsprosts
Stromleitung	(F) elektrības līnija
Kläranlage	(F) notekūdeņu attīrīšanas iekārta
Allee	(F) gatve
Wasserkraftwerk	(F) hidroelektrostacija
Atomkraftwerk	(F) atomelektrostacija
Windpark	(M) vēja parks

Baustelle

Hammer	(M) āmurs
Nagel	(F) nagla

Zange	(F) knaibles
Schraubenzieher	(M) skrūvgriezis
Bohrmaschine	(F) urbjmašīna
Maßband	(F) mērlente
Ziegel	(M) ķieģelis
Spachtel	(F) špakteļlāpsta
Gerüst	(F) sastatnes
Wasserwaage	(M) līmeņrādis
Teppichmesser	(M) papīra naži
Schraubenschlüssel	(F) uzgriežņu atslēga
Feile	(F) vīle
Hobel	(F) ēvele
Schutzbrille	(F) drošības brilles
Draht	(M) vads
Handsäge	(M) rokas zāģis
Isolierband	(F) izolācijas lente
Zement	(M) cements
Farbwalze	(M) krāsošanas rullis
Anstrichfarbe	(F) krāsa
Palette	(F) palete
Betonmischmaschine	(M) cementa maisītājs
Stahlträger	(F) tērauda sija
Dachziegel	(M) dakstiņš
Holzbalken	(F) koka sija
Beton	(M) betons
Asphalt	(M) asfalts
Teer	(F) darva
Kran	(M) celtnis
Stahl	(M) tērauds
Lack	(F) laka

Kinder

Rutsche	(M) slidkalniņš
Schaukel	(F) šūpoles
Spielplatz	(M) rotaļu laukums
Zoo	(M) zoo dārzs
Achterbahn	(M) amerikāņu kalniņi
Wasserrutsche	(M) ūdens slidkalniņš
Sandkiste	(F) smilšu kaste
Rummelplatz	(M) atrakciju parks
Freizeitpark	(M) atrakciju parks
Wasserpark	(M) akvaparks
Aquarium	(M) akvārijs
Karussell	(M) karuselis

Rettung

Rettung	(F) ātrā palīdzība
Polizei	(F) policija
Feuerwehr	(M) ugunsdzēsēji
Helm	(F) ķivere
Feuerlöscher	(M) ugunsdzēšamais aparāts
Brand	(M) ugunsgrēks
Notausgang (Gebäude)	(F) avārijas izeja
Handschelle	(M) roku dzelži
Pistole	(M) ierocis
Polizeiwache	(M) policijas iecirknis
Hydrant	(M) hidrants
Feueralarm	(F) ugunsgrēka trauksme
Feuerwehrhaus	(M) ugunsdzēsēju depo
Feuerwehrauto	(F) ugunsdzēsēju mašīna
Sirene	(F) sirēna
Warnlicht	(F) brīdinājuma gaisma

Polizeiauto	(F) policijas mašīna
Uniform	(F) uniforma
Schlagstock	(M) steks

Mehr

Dorf	(M) ciems
Vorort	(F) priekšpilsēta
Staat	(M) štats
Kolonie	(F) kolonija
Region	(M) reģions
Bezirk	(M) apgabals
Hoheitsgebiet	(F) teritorija
Provinz	(F) province
Land	(F) valsts
Hauptstadt	(F) galvaspilsēta
Metropole	(F) metropole
zentrales Geschäftsgebiet	(M) centrālais biznesa rajons
Industriegebiet	(M) rūpniecības rajons

Gesundheit

Krankenhaus

Patient	(M) pacients
Besucher	(M) apmeklētājs
Operation	(F) operācija
Wartezimmer	(F) uzgaidāmā telpa
Ambulanz	ambulatori
Klinik	(F) klīnika
Besuchszeit	(F) apmeklētāju stundas
Intensivstation	(F) intensīvās terapijas nodaļa
Notaufnahme	(F) neatliekamās medicīniskās palīdzības telpa
Termin	(M) pieraksts
Operationssaal	(F) operāciju zāle
Kantine	(F) ēdnīca

Medikamente

Tablette	(F) tablete
Kapsel	(F) kapsula
Infusion	(F) infūzija
Inhalator	(M) inhalators
Nasenspray	(M) deguna aerosols
Schmerzmittel	(M) pretsāpju līdzeklis
chinesische Medizin	(F) Ķīniešu medicīna
Antibiotikum	(F) antibiotikas
Antiseptikum	(M) antiseptisks līdzeklis
Vitamin	(M) vitamīns
Pulver	(M) pulveris
Insulin	(M) insulīns
Nebenwirkung	(M) blakusefekts

Hustensaft	(M) klepus sīrups
Dosierung	(F) deva
Ablaufdatum	(M) derīguma termiņš
Schlaftablette	(F) miega zāles
Aspirin	(M) aspirīns

Krankheit

Virus	(M) vīruss
Bakterium	(F) baktērija
Grippe	(F) gripa
Durchfall	(F) caureja
Herzinfarkt	(F) sirdstrieka
Asthma	(F) astma
Ausschlag	(M) izsitumi
Windpocken	(F) vējbakas
Übelkeit	(M) nelabums
Krebs	(M) vēzis
Schlaganfall	(M) insults
Diabetes	(M) diabēts
Epilepsie	(F) epilepsija
Masern	(F) masalas
Mumps	(M) epidēmiskais parotīts
Migräne	(F) migrēna

Beschwerden

Husten	(M) klepus
Fieber	(M) drudzis
Kopfweh	(F) galvassāpes
Bauchweh	(F) vēdersāpes
Sonnenbrand	(M) saules apdegums
Erkältung	(F) saaukstēšanās

Nasenbluten	(F) deguna asiņošana
Krampf	(M) krampji
Ekzem	(F) ekzēma
Bluthochdruck	(M) augsts asinsspiediens
Infektion	(F) infekcija
Allergie	(F) alerģija
Heuschnupfen	(M) siena drudzis
Halsweh	(M) iekaisis kakls
Vergiftung	(F) saindēšanās
Zahnweh	(F) zobu sāpes
Karies	(M) kariess
Hämorrhoide	(M) hemoroīds

Tools

Nadel	(F) adata
Spritze (Tool)	(F) šļirce
Bandage	(M) apsējs
Pflaster	(M) plāksteris
Gips	(M) ģipsis
Krücke	(M) kruķis
Rollstuhl	(M) ratiņkrēsls
Fiebermesser	(M) termometrs
Zahnspange	(F) zobu breketes
Halskrause	(F) kakla ortoze
Stethoskop	(M) stetoskops
Computertomograf	(M) datortomogrāfs
Katheter	(M) katetrs
Skalpell	(M) skalpelis
Beatmungsmaschine	(M) elpināšanas aparāts
Bluttest	(F) asins analīzes
Ultraschallgerät	(F) ultraskaņas iekārta

Röntgenaufnahme	(M) rentgena uzņēmums
Zahnersatz	(F) zobu protēzes
Plombe	(F) zobu plombe
Spray	(M) aerosols
Magnetresonanztomografie	(F) magnētiskās rezonanses tomogrāfija

Unfall

Verletzung	(M) ievainojums
Unfall	(M) nelaimes gadījums
Wunde	(F) brūce
Puls	(M) pulss
Bruch (Knochen)	(M) lūzums
blauer Fleck	(M) zilums
Verbrennung	(M) apdegums
Bisswunde	(M) kodums
Elektroschock	(M) elektrošoks
Naht	(F) šuve
Gehirnerschütterung	(M) smadzeņu satricinājums
Kopfverletzung	(F) galvas trauma
Notfall	(M) ārkārtas gadījums

Abteilungen

Kardiologie	(F) kardioloģija
Orthopädie	(F) ortopēdija
Gynäkologie	(F) ginekoloģija
Radiologie	(F) radioloģija
Dermatologie	(F) dermatoloģija
Kinderheilkunde	(F) pediatrija
Psychiatrie	(F) psihiatrija
Chirurgie	(F) ķirurģija
Urologie	(F) uroloģija

Neurologie	(F) neiroloģija
Endokrinologie	(F) endokrinoloģija
Pathologie	(F) patoloģija
Onkologie	(F) onkoloģija

Therapie

Massage	(F) masāža
Meditation	(F) meditācija
Akupunktur	(F) akupunktūra
Physiotherapie	(F) fizioterapija
Hypnose	(F) hipnoze
Homöopathie	(F) homeopātija
Aromatherapie	(F) aromaterapija
Gruppentherapie	(F) grupas terapija
Psychotherapie	(F) psihoterapija
Feng Shui	(M) fen šui
Hydrotherapie	(F) hidroterapija
Verhaltenstherapie	(F) uzvedības terapija
Psychoanalyse	(F) psihoanalīze
Familientherapie	(F) ģimenes terapija

Schwangerschaft

Antibabypille	(F) kontracepcijas tablete
Schwangerschaftstest	(M) grūtniecības tests
Fötus	(M) auglis
Embryo	(M) embrijs
Mutterleib	(F) dzemde
Entbindung	(F) dzemdības
Fehlgeburt	(M) spontānais aborts
Kaiserschnitt	(M) ķeizargrieziens
Episiotomie	(F) epiziotomija

Business

Unternehmen

Büro	(M) birojs
Konferenzraum	(F) sapulču telpa
Visitenkarte	(F) vizītkarte
Angestellte	(M) darbinieks
Arbeitgeber	(M) darba devējs
Kollege	(M) kolēģis
Belegschaft	(M) personāls
Gehalt	(F) alga
Versicherung	(F) apdrošināšana
Abteilung	(F) nodaļa
Verkauf	(F) pārdošana
Marketing	(M) mārketings
Buchhaltung	(F) grāmatvedība
Rechtsabteilung	(F) juridiskā nodaļa
Personalabteilung	(F) personāla nodaļa
IT	(F) IT
Stress	(M) stress
Geschäftsessen	(F) biznesa vakariņas
Geschäftsreise	(M) komandējums
Steuer	(M) nodoklis

Büro

Brief	(F) vēstule
Briefumschlag	(F) aploksne
Briefmarke	(F) pastmarka
Adresse	(F) adrese
Postleitzahl	(M) pasta indekss
Paket	(F) paka

Fax	(M) fakss
SMS	(F) īsziņa
Sprachnachricht	(F) balss ziņa
Anschlagtafel	(M) ziņojumu dēlis
Flipchart	(F) papīra tāfele
Beamer	(M) projektors
Stempel	(M) zīmogs
Klemmbrett	(F) starpliktuve
Ordner (für Dokumente)	(F) mape
Vortragende	(M) lektors
Präsentation	(F) prezentācija
Notiz	(F) piezīme

Jobs (1)

Arzt	(M) ārsts
Polizist	(M) policists
Feuerwehrmann	(M) ugunsdzēsējs
Krankenschwester	(F) medmāsa
Pilot	(M) pilots
Stewardess	(F) stjuarte
Architekt	(M) arhitekts
Manager	(M) vadītājs
Sekretärin	(F) sekretāre
Geschäftsführer	(M) ģenerāldirektors
Direktor	(M) direktors
Vorstandsvorsitzende	(M) priekšsēdētājs
Richter	(M) tiesnesis
Assistent	(M) asistents
Staatsanwalt	(M) prokurors
Anwalt	(M) advokāts
Berater	(M) konsultants

Buchhalter	(M) grāmatvedis
Börsenmakler	(M) biržas mākleris
Bibliothekar	(M) bibliotekārs
Lehrer	(M) skolotājs
Kindergärtnerin	(F) bērnudārza audzinātāja
Wissenschaftler	(M) zinātnieks
Professor	(M) profesors
Physiker	(M) fiziķis
Programmierer	(M) programmētājs
Politiker	(M) politiķis
Praktikant	(M) praktikants
Kapitän	(M) kapteinis
Unternehmer	(M) uzņēmējs
Chemiker	(M) ķīmiķis
Zahnarzt	(M) zobārsts
Chiropraktiker	(M) hiropraktiķis
Detektiv	(M) detektīvs
Apotheker	(M) farmaceits
Tierarzt	(M) veterinārs
Hebamme	(F) vecmāte
Chirurg	(M) ķirurgs
Arzt	(M) ārsts
Ministerpräsident	(M) premjerministrs
Minister	(M) ministrs
Staatspräsident	(M) prezidents

Jobs (2)

Koch	(M) pavārs
Kellner	(M) viesmīlis
Barkeeper	(M) bārmenis
Bauer	(M) lauksaimnieks

Lastwagenfahrer	(M) kravas automašīnas šoferis
Lokomotivführer	(M) vilciena vadītājs
Friseur	(M) frizieris
Metzger	(M) miesnieks
Reisebürokaufmann	(M) ceļojumu aģents
Immobilienmakler	(M) nekustamā īpašuma aģents
Juwelier	(M) juvelieris
Schneider	(M) šuvējs
Kassierer	(M) kasieris
Briefträger	(M) pastnieks
Empfangsmitarbeiter	(M) administrators
Bauarbeiter	(M) celtnieks
Tischler	(M) galdnieks
Elektriker	(M) elektriķis
Klempner	(M) santehniķis
Mechaniker	(M) mehāniķis
Reinigungskraft	(M) apkopējs
Gärtner	(M) dārznieks
Fischer	(M) zvejnieks
Blumenhändler	(M) florists
Verkäufer	(M) pārdevējs
Optiker	(M) optiķis
Soldat	(M) karavīrs
Wachmann	(M) apsargs
Busfahrer	(M) autobusa vadītājs
Taxifahrer	(M) taksometra vadītājs
Schaffner	(M) konduktors
Lehrling	(M) māceklis
Vermieter	(M) saimnieks
Bodyguard	(M) miesassargs

Jobs (3)

Priester	(M) mācītājs
Nonne	(F) mūķene
Mönch	(M) mūks
Fotograf	(M) fotogrāfs
Trainer	(M) treneris
Cheerleader	(F) karsējmeitene
Schiedsrichter	(M) tiesnesis
Reporter	(M) reportieris
Schauspieler	(M) aktieris
Musiker	(M) mūziķis
Dirigent	(M) diriģents
Sänger	(M) dziedātājs
Künstler	(M) mākslinieks
Designer	(M) dizaineris
Model	(F) modele
DJ	(M) dīdžejs
Reiseführer	(M) ekskursiju gids
Rettungsschwimmer	(M) pludmales glābējs
Physiotherapeut	(M) fizioterapeits
Masseur	(M) masieris
Nachrichtenmoderator	(M) ziņu vadītājs
Moderator	(M) raidījuma vadītājs
Kommentator	(M) komentētājs
Kameramann	(M) operators
Ingenieur	(M) inženieris
Dieb	(M) zaglis
Verbrecher	(M) noziedznieks
Tänzer	(M) dejotājs
Journalist	(M) žurnālists
Prostituierte	(F) prostitūta

Autor	(M) autors
Fluglotse	(M) gaisa satiksmes kontrolieris
Regisseur	(M) režisors
Mufti	(M) muftijs
Rabbiner	(M) rabīns

Technik

E-Mail	(M) e-pasts
Telefon	(M) telefons
Smartphone	(M) viedtālrunis
E-Mail Adresse	(F) e-pasta adrese
Webseite	(F) tīmekļa vietne
Telefonnummer	(M) telefona numurs
Datei	(M) fails
Ordner (Computer)	(F) mape
App	(F) lietotne
Laptop	(M) klēpjdators
Bildschirm	(M) ekrāns
Drucker	(M) printeris
Scanner	(M) skeneris
USB Stick	(F) USB zibatmiņa
Festplatte	(M) cietais disks
Prozessor	(M) centrālais procesors
Arbeitsspeicher	(F) brīvpiekļuves atmiņa
Tastatur	(F) tastatūra
Maus (Computer)	(F) pele
Kopfhörer	(F) austiņas
Mobiltelefon	(M) mobilais telefons
Webcam	(F) tīmekļa kamera
Server	(M) serveris
Netzwerk	(M) tīkls

Browser	(F) pārlūkprogramma
Posteingang	(F) iesūtne
URL	(M) url
Icon	(F) ikona
Scrollbar	(F) ritjosla
Papierkorb	(F) atkritne
Chat	(F) tērzēšana
soziale Medien	(M) sociālie mediji
Empfang	(M) signāls
Datenbank	(F) datubāze

Gesetz

Gesetz	(M) likums
Strafe	(F) soda nauda
Gefängnis	(M) cietums
Gericht	(F) tiesa
Geschworenen	(M) zvērinātie
Zeuge	(M) liecinieks
Angeklagte	(M) apsūdzētais
Fall	(F) lieta
Beweis	(M) pierādījumi
Verdächtige	(M) aizdomās turamais
Fingerabdruck	(M) pirkstu nospiedumi
Paragraph	(M) paragrāfs

Bank

Geld	(F) nauda
Münze	(F) monēta
Geldschein	(F) banknote
Kreditkarte	(F) kredītkarte
Bankomat	(M) bankomāts

Unterschrift	(M) paraksts
Dollar	(M) dolārs
Euro	(M) eiro
Pfund	(F) mārciņa
Konto	(M) bankas konts
Passwort	(F) parole
Kontonummer	(M) konta numurs
Betrag	(F) summa
Scheck	(M) čeks
Kunde	(M) klients
Ersparnisse	(M) uzkrājumi
Kredit	(M) aizdevums
Zins	(M) procenti
Überweisung	(M) bankas pārskaitījums
Yuan	(F) juaņa
Yen	(F) jena
Krone	(F) krona
Dividende	(F) dividende
Aktie	(F) akcija
Aktienkurs	(F) akciju cena
Börse	(F) birža
Investition	(F) investīcija
Portfolio	(M) portfolio
Gewinn	(F) peļņa
Verlust	(M) zaudējumi

Dinge

Sport

Basketball	(F) basketbola bumba
Fußball	(F) futbola bumba
Tor	(M) vārti
Tennisschläger	(F) tenisa rakete
Tennisball	(F) tenisa bumba
Netz	(M) tīkls
Pokal	(M) kauss
Medaille	(F) medaļa
Schwimmbecken	(M) peldbaseins
American Football	(F) amerikāņu futbola bumba
Schläger	(F) beisbola nūja
Fanghandschuh	(M) beisbola cimds
Goldmedaille	(F) zelta medaļa
Silbermedaille	(F) sudraba medaļa
Bronzemedaille	(F) bronzas medaļa
Federball	(M) volāns
Golfschläger	(F) golfa nūja
Golfball	(F) golfa bumbiņa
Stoppuhr	(M) hronometrs
Trampolin	(M) batuts
Boxring	(M) boksa rings
Mundschutz	(M) mutes aizsargs
Surfbrett	(M) sērfošanas dēlis
Ski	(F) slēpe
Skistock	(F) slēpošanas nūja
Schlitten	(F) ragavas
Fallschirm	(M) izpletnis
Queue	(F) kija

Bowlingkugel	(F) boulinga bumba
Snookertisch	(M) snūkera galds
Sattel	(M) segli
Peitsche	(F) pātaga
Eishockeyschläger	(F) hokeja nūja
Korb	(M) grozs
Weltrekord	(M) pasaules rekords
Tischtennistisch	(M) galda tenisa galds
Puck	(F) ripa

Technik

Roboter	(M) robots
Radio	(M) radio
Lautsprecher	(M) skaļrunis
Kabel	(M) kabelis
Stecker	(F) kontaktdakša
Fotoapparat	(M) fotoaparāts
MP3-Player	(M) MP3 atskaņotājs
CD Spieler	(M) CD atskaņotājs
DVD Spieler	(M) DVD atskaņotājs
Plattenspieler	(M) skaņuplašu atskaņotājs
Camcorder	(F) videokamera
Strom	(F) elektrība
Flachbildschirm	(M) plakanais ekrāns
Blitz	(F) zibspuldze
Tripod	(M) statīvs
Sofortbildkamera	(F) momentfoto kamera
Generator	(M) ģenerators
Digitalkamera	(F) digitālā kamera
Funkgerät	(F) rācija

Zuhause

Schlüssel	(F) atslēga
Taschenlampe	(M) lukturītis
Kerze	(F) svece
Flasche	(F) pudele
Dose	(F) bundža
Vase	(F) vāze
Geschenk	(F) dāvana
Zündholz	(M) sērkociņš
Feuerzeug	(F) šķiltavas
Schlüsselanhänger	(M) atslēgu piekariņš
Wasserflasche	(F) ūdens pudele
Thermoskanne	(F) termosa kanna
Gummiband	(F) gumija
Geburtstagsparty	(F) dzimšanas dienas ballīte
Geburtstagskuchen	(F) dzimšanas dienas torte
Kinderwagen	(M) bērnu ratiņi
Schnuller	(M) knupītis
Babyflasche	(F) bērnu pudelīte
Wärmflasche	(M) termofors
Rassel	(M) grabulis
Familienfoto	(F) ģimenes fotogrāfija
Einmachglas	(F) burka
Tasche	(M) maiss
Packung	(M) iepakojums
Plastiktüte	(M) plastmasas maiss
Bilderrahmen	(M) bilžu rāmis

Spiele

Puppe	(F) lelle
Puppenhaus	(M) leļļu namiņš

Puzzle	(F) puzle
Domino	(M) domino
Monopoly	(M) Monopols
Tetris	(M) tetris
Bridge	(M) bridžs
Darts	(F) šautriņas
Kartenspiel	(F) kāršu spēle
Brettspiel	(F) galda spēle
Backgammon	(F) triktrakspēle
Dame	(F) dambrete

Sonstige

Zigarette	(F) cigarete
Zigarre	(M) cigārs
Kompass	(M) kompass
Engel	(M) eņģelis

Phrasen

Persönlich

ich	es
du	tu
er	viņš
sie (Einzahl)	viņa
wir	mēs
ihr	jūs
sie (Mehrzahl)	viņi / viņas
mein Hund	mans suns
deine Katze	tavs kaķis
ihr Kleid (weiblich, singular)	viņas kleita
sein Auto (männlich, singular)	viņa automašīna
unser Haus	mūsu mājas
euer Team	jūsu komanda
ihr Unternehmen (Mehrzahl)	viņu uzņēmums
jeder (alle Personen)	visi
zusammen	kopā
sonstiges	citi

Alltäglich

und	un
oder	vai
sehr	ļoti
alle (bzw. alles)	viss
keine	neviens
das	tas
dieses	šis
nicht	ne
mehr	vairāk

höchst	visvairāk
weniger	mazāk
weil	jo
aber	bet
schon	jau
wieder	atkal
wirklich	tiešām
wenn	ja
obwohl	lai gan
plötzlich	pēkšņi
dann	tad
eigentlich	īstenībā
sofort	nekavējoties
oft	bieži
immer	vienmēr
jeder (jede/jedes)	katrs

Phrasen

Hallo (Servus)	čau
Hallo (neutrale Begrüßung)	sveiki
Guten Tag	labdien
Tschüss	atā
Auf Wiedersehen	uz redzēšanos
Bis später	tiksimies vēlāk
bitte	lūdzu
danke	paldies
Entschuldigung	piedod
Kein Problem	bez problēmām
Mach dir keine Sorgen	neuztraucies
Pass auf	saudzē sevi
ok	labi
Prost	priekā

Willkommen	laipni lūdzam
Entschuldigen Sie	atvainojiet
natürlich	protams
Ich stimme zu	es piekrītu
Entspann dich	nomierinies
Macht nichts	nav svarīgi
Ich möchte das	es to gribu
Komm mit	nāc ar mani
Geh geradeaus	ej taisni
Biege links ab	pagriezies pa kreisi
Biege rechts ab	pagriezies pa labi

Fragen

wer	kas
wo	kur
was	kas
warum	kāpēc
wie	kā
welches	kurš
wann	kad
wie viele?	cik daudz?
wie viel?	cik daudz?
Wie viel kostet das?	Cik tas maksā?
Hast du ein Telefon?	Vai tev ir telefons?
Wo ist das WC?	Kur ir tualete?
Wie heißt du?	Kā tevi sauc?
Liebst du mich?	Vai tu mani mīli?
Wie geht es dir?	Kā iet?
Geht es dir gut?	Vai tev viss kārtībā?
Können Sie mir helfen?	Vai jūs varat man palīdzēt?

Sätze

Ich mag dich	Tu man patīc
Ich liebe dich	Es mīlu tevi
Ich vermisse dich	Man tevis pietrūkst
Ich mag das nicht	Man tas nepatīk
Ich habe einen Hund	Man ir suns
Ich weiß	Es zinu
Ich weiß nicht	Es nezinu
Das verstehe ich nicht	Es nesaprotu
Ich möchte mehr	Es gribu vēl
Ich möchte ein kaltes Cola	Es gribu aukstu kolu
Ich brauche das	Man vajag šo
Ich möchte ins Kino gehen	Es gribu iet uz kino
Ich freu mich darauf, dich zu sehen	Ar nepacietību gaidu mūsu tikšanos
Normal esse ich keinen Fisch	Parasti es neēdu zivis
Du musst unbedingt kommen	Tev noteikti jānāk
Das ist ganz schön teuer	Tas ir diezgan dārgi
Entschuldigung, ich bin ein wenig zu spät dran	Atvainojiet, es nedaudz kavēju
Ich heiße David	Mani sauc Deivids
Ich heiße David, freut mich dich kennenzulernen	Es esmu Deivids, prieks iepazīties
Ich bin 22 Jahre alt	Man ir 22 gadi
Das ist meine Freundin Anna	Šī ir mana draudzene Anna
Schauen wir uns einen Film an	Skatīsimies filmu
Gehen wir nach Hause	Ejam mājās
Meine Telefonnummer ist eins vier drei zwei acht sieben fünf vier drei	Mans telefona numurs ir viens četri trīs divi astoņi septiņi pieci četri trīs
Meine E-Mail Adresse ist david at pinhok dot com	Mana e-pasta adrese ir david et pinhok punkts kom
Morgen ist Samstag	Rīt ir sestdiena
Silber ist billiger als Gold	Sudrabs ir lētāks par zeltu
Gold ist teurer als Silber	Zelts ir dārgāks par sudrabu

Deutsch - Lettisch

A

Abdeckstift: (M) korektors
Abend: (M) vakars
Abendessen: (F) vakariņas
Abendkleid: (F) vakarkleita
aber: bet
Abflug: (F) izlidošana
Abflugschalter: (F) reģistratūra
Ablaufdatum: (M) derīguma termiņš
abnehmen: zaudēt svaru (2, zaudēju svaru, zaudē svaru, zaudē svaru, zaudēju svaru)
Absatz: (M) papēdis
abschließen: aizslēgt (1, aizslēdzu, aizslēdz, aizslēdz, aizslēdzu)
Abteilung: (F) nodaļa
Abzug: (F) plīts virsma
Achillessehne: (F) Ahileja cīpsla
Achteck: (M) astoņstūris
Achterbahn: (M) amerikāņu kalniņi
Addition: (F) saskaitīšana
Adler: (M) ērglis
Adresse: (F) adrese
Aerobic: (F) aerobika
Affe: (M) pērtiķis
Afghanistan: (F) Afganistāna
After: (M) tūplis
Aftershave: (M) losjons pēc skūšanās
Ahorn: (F) kļava
Ahornsirup: (M) kļavu sīrups
Airbag: (M) drošības spilvens
akademischer Grad: (M) grāds
Akazie: (F) akācija
Akkordeon: (M) akordeons
Aktentasche: (M) portfelis
Aktie: (F) akcija
Aktienkurs: (F) akciju cena
Aktinium: (M) aktīnijs
Akupunktur: (F) akupunktūra
Albanien: (F) Albānija
albern: muļķīgs (muļķīgais, muļķīgāks, vismuļķīgākais)
Algerien: (F) Alžīrija
alle: viss
Allee: (F) gatve
Allergie: (F) alerģija
Alphabet: (M) alfabēts
alt: vecs (vecais, vecāks, visvecākais)
Aluminium: (M) alumīnijs
Amazonas: (F) Amazone
Ambulanz: ambulatori
Ameise: (F) skudra
Ameisenbär: (M) skudrulācis
American Football: (M) amerikāņu futbols , (F) amerikāņu futbola bumba
Americium: (M) amerīcijs
Amerikanisch-Samoa: (F) ASV Samoa
Ampel: (M) luksofors

Ampere: (M) ampērs
Ananas: (M) ananass
Anden: (M) Andi
Andorra: (F) Andora
Angeklagte: (M) apsūdzētais
Angestellte: (M) darbinieks
Angola: (F) Angola
angreifen: uzbrukt (1, uzbrūku, uzbrūc, uzbrūk, uzbruku)
Anhänger: (F) piekabe
Anker: (M) enkurs
Ankunft: (F) ielidošana
Anorak: (F) vējjaka
Anschlagtafel: (M) ziņojumu dēlis
Anstrichfarbe: (F) krāsa
Antibabypille: (F) kontracepcijas tablete
Antibiotikum: (F) antibiotikas
Antifaltencreme: (M) pretgrumbu krēms
Antigua und Barbuda: (F) Antigva un Barbuda
Antimon: (M) antimons
Antiseptikum: (M) antiseptisks līdzeklis
antworten: atbildēt (3, atbildu, atbildi, atbild, atbildēju)
Anwalt: (M) advokāts
Anzug: (M) uzvalks
Apfel: (M) ābols
Apfelkuchen: (M) ābolu pīrāgs
Apfelsaft: (F) ābolu sula
Apfelwein: (M) sidrs
Apostroph: (M) apostrofs
Apotheke: (F) aptieka
Apotheker: (M) farmaceits
App: (F) lietotne
Aprikose: (F) aprikoze
April: (M) aprīlis
Aquarium: (M) akvārijs
Arabisch: (F) arābu valoda
arbeiten: strādāt (2, strādāju, strādā, strādā, strādāju)
Arbeitgeber: (M) darba devējs
Arbeitsspeicher: (F) brīvpiekļuves atmiņa
Arbeitszimmer: (F) darbistaba
Architekt: (M) arhitekts
Argentinien: (F) Argentīna
Argon: (M) argons
Arithmetik: (F) aritmētika
Arm: (F) roka
arm: nabags (nabagais, nabagāks, visnabagākais)
Armaturenbrett: (M) auto panelis
Armband: (F) rokassprādze
Armbanduhr: (M) rokas pulkstenis
Armenien: (F) Armēnija
Aromatherapie: (F) aromaterapija
Arsen: (M) arsēns
Arterie: (F) artērija
Artikel: (M) raksts
Artischocke: (M) artišoks
Aruba: (F) Aruba
Arzt: (M) ārsts
Asche: (M) pelni
Aserbaidschan: (F) Azerbaidžāna

Asphalt: (M) asfalts
Aspirin: (M) aspirīns
Assistent: (M) asistents
Ast: (M) zars
Astat: (M) astats
Asteroid: (M) asteroīds
Asthma: (F) astma
Atlantik: (M) Atlantijas okeāns
atmen: elpot (2, elpoju, elpo, elpo, elpoju)
Atmosphäre: (F) atmosfēra
Atom: (M) atoms
Atomkraftwerk: (F) atomelektrostacija
Aubergine: (M) baklažāns
Aufsatz: (F) eseja
aufsperren: atvērt (1, atveru, atver, atver, atvēru)
Auf Wiedersehen: uz redzēšanos
Aufwärmen: (F) iesildīšanās
Aufzug: (M) lifts
Auge: (F) acs
Augenbraue: (F) uzacs
Augenbrauenstift: (M) uzacu zīmulis
August: (M) augusts
Auspuff: (M) izpūtējs
Ausrufezeichen: (F) izsaukuma zīme
ausruhen: atpūsties (1, atpūšos, atpūties, atpūšas, atpūtos)
ausschalten: izslēgt (1, izslēdzu, izslēdz, izslēdz, izslēdzu)
Ausschlag: (M) izsitumi
Australian Football: (M) austrāliešu futbols
Australien: (F) Austrālija
Auto: (F) automašīna
Autobahn: (F) automaģistrāle
Automatik: (F) automātiskā ātrumkārba
Autor: (M) autors
Autorennen: (M) autosports
außen: ārā
Avocado: (M) avokado
Axt: (M) cirvis

B

Baby: (M) mazulis
Babyflasche: (F) bērnu pudelīte
Babyfon: (F) radio aukle
Bach: (M) strauts
Bachelor: (M) bakalaurs
backen: cept (1, cepu, cep, cep, cepu)
Backgammon: (F) triktrakspēle
Backpulver: (M) cepamais pulveris
Badeanzug: (M) peldkostīms
Badehose: (F) peldbikses
Badekappe: (F) peldcepure
Bademantel: (M) halāts
Badeschuhe: (F) vannas čības
Badetuch: (M) vannas dvielis
Badewanne: (F) vanna
Badezimmer: (F) vannas istaba
Badminton: (M) badmintons

Bagger: (M) ekskavators
Bahamas: (F) Bahamu salas
Bahnhof: (F) vilciena stacija
Bahnradfahren: (F) treka riteņbraukšana
Bahnsteig: (M) perons
Bahrain: (F) Bahreina
Baked beans: (F) ceptas pupiņas
Bakterium: (F) baktērija
Balkon: (M) balkons
Ballett: (M) balets
Ballettschuhe: (F) baleta čības
Bambus: (M) bambuss
Banane: (M) banāns
Bandage: (M) apsējs
Bangladesch: (F) Bangladeša
Bank: (M) sols
Bankdrücken: (F) stieņa spiešana guļus
Bankomat: (M) bankomāts
Bar: (M) bārs
Barbados: (F) Barbadosa
Barcode: (M) svītrkods
Barcodelesegerät: (M) svītrkodu skeneris
Barium: (M) bārijs
Barkeeper: (M) bārmenis
Bart: (F) bārda
Baseball: (M) beisbols
Basilikum: (M) baziliks
Basketball: (M) basketbols , (F) basketbola bumba
Bassgitarre: (F) basģitāra
Batterie: (M) akumulators
Bauarbeiter: (M) celtnieks
Bauch: (M) vēders
Bauchnabel: (F) naba
Bauchspeicheldrüse: (M) aizkuņģa dziedzeris
Bauchweh: (F) vēdersāpes
Bauer: (M) lauksaimnieks
Bauernhof: (F) ferma
Baum: (M) koks
Baumhaus: (F) māja kokā
Baumschere: (F) dārza šķēres
Baumstamm: (M) stumbrs
Baumwolle: (F) kokvilna
Baustelle: (M) būvlaukums
Beachvolleyball: (M) pludmales volejbols
Beamer: (M) projektors
Beatmungsmaschine: (M) elpināšanas aparāts
Becher: (F) krūze
Becken: (M) iegurnis , (M) šķīvji
Beerdigung: (F) bēres
beige: bēšs
Beilage: (F) piedevas
Bein: (F) kāja
Beinpresse: (F) kāju prese
beißen: kost (1, kožu, kod, kož, kodu)
Belegschaft: (M) personāls
Belgien: (F) Beļģija
Belize: (F) Beliza
Benin: (F) Benina

Benzin: (M) benzīns
Berater: (M) konsultants
Berg: (M) kalns
Bergkette: (F) kalnu grēda
Bergsteigen: (M) alpīnisms
Berkelium: (M) berklijs
Beryllium: (M) berilijs
berühren: pieskarties (1, pieskaros, pieskaries, pieskaras, pieskāros)
beschäftigt: aizņemts (aizņemtais, aizņemtāks, visaizņemtākais)
Besen: (F) slota
besorgt: noraizējies
Besteck: (M) galda piederumi
Besucher: (M) apmeklētājs
Besuchszeit: (F) apmeklētāju stundas
beten: lūgties (1, lūdzos, lūdzies, lūdzas, lūdzos)
Beton: (M) betons
Betonmischer: (M) betona maisītājs
Betonmischmaschine: (M) cementa maisītājs
Betrag: (F) summa
betrunken: piedzēries
Bett: (F) gulta
Beweis: (M) pierādījumi
bewölkt: mākoņains (mākoņainais, mākoņaināks, vismākoņainākais)
bezahlen: maksāt (2, maksāju, maksā, maksā, maksāju)
Bezirk: (M) apgabals
BH: (M) krūšturis
Bhutan: (F) Butāna
Biathlon: (M) biatlons
Bibliothekar: (M) bibliotekārs
Biege links ab: pagriezies pa kreisi
Biege rechts ab: pagriezies pa labi
Biene: (F) bite
Bier: (M) alus
Bikini: (M) bikini
Bild: (F) bilde
Bilderrahmen: (M) bilžu rāmis
Bildhauerei: (F) skulptūru veidošana
Bildschirm: (M) ekrāns
Billard: (M) biljards
billig: lēts (lētais, lētāks, vislētākais)
Binde: (F) higiēniskā pakete
Bindestrich: (F) domuzīme
Biologie: (F) bioloģija
Birke: (M) bērzs
Birne: (M) bumbieris
Bismut: (M) bismuts
Bison: (M) bizons
Bis später: tiksimies vēlāk
Bisswunde: (M) kodums
bitte: lūdzu
Blase: (M) urīnpūslis
blass: bāls (bālais, bālāks, visbālākais)
Blatt: (F) lapa
blau: zils
blauer Fleck: (M) zilums
Blazer: (F) žakete
Blei: (M) svins
Bleistift: (M) zīmulis

blind: akls (aklais, aklāks, visaklākais)
Blinddarm: (M) apendikss
Blitz: (M) zibens , (F) zibspuldze
blond: blonds
Blues: (M) blūzs
Blume: (F) puķe
Blumenbeet: (F) ziedu dobe
Blumenhändler: (M) florists
Blumenkohl: (M) ziedkāposts
Blumentopf: (M) puķu pods
Bluthochdruck: (M) augsts asinsspiediens
blutig: asiņains (asiņainais, asiņaināks, visasiņainākais)
Bluttest: (F) asins analīzes
blöd: dumjš (dumjais, dumjāks, visdumjākais)
Blüte: (M) zieds
Blütenblatt: (F) ziedlapiņa
Bob: (M) bobslejs
Boden: (F) augsne
Bodybuilding: (M) kultūrisms
Bodyguard: (M) miesassargs
Body Lotion: (M) ķermeņa losjons
Bogenschießen: (F) loka šaušana
Bohne: (F) pupa
bohren: urbt (1, urbju, urb, urbj, urbu)
Bohrium: (M) borijs
Bohrmaschine: (F) urbjmašīna
Bolivien: (F) Bolīvija
Bonbon: (F) konfekte
Bor: (M) bors
Bosnien: (F) Bosnija
botanischer Garten: (M) botāniskais dārzs
Botschaft: (F) vēstniecība
Botswana: (F) Botsvāna
Bowling: (M) boulings
Bowlingkugel: (F) boulinga bumba
Boxen: (M) bokss
Boxhandschuh: (M) boksa cimds
Boxring: (M) boksa rings
Brand: (M) ugunsgrēks
Brandy: (M) brendijs
Brasilien: (F) Brazīlija
braten: fritēt (2, fritēju, fritē, fritē, fritēju)
Brathähnchen: (F) krāsnī cepta vista
Bratwurst: (F) cepta desa
braun: brūns
Braut: (F) līgava
brav: pieklājīgs (pieklājīgais, pieklājīgāks, vispieklājīgākais)
Breakdance: (F) breika dejas
breit: plašs (plašais, plašāks, visplašākais)
Breite: (M) platums
Breitengrad: (M) platuma grādi
Bremse: (F) bremzes
Bremslicht: (F) bremžu gaisma
brennen: degt (1, degu, dedz, deg, degu)
Brettspiel: (F) galda spēle
Bridge: (M) bridžs
Brief: (F) vēstule
Briefkasten: (F) pastkastīte

Briefmarke: (F) pastmarka
Briefträger: (M) pastnieks
Briefumschlag: (F) aploksne
Brille: (F) brilles
Brokkoli: (M) brokolis
Brom: (M) broms
Brombeere: (F) kazene
Bronzemedaille: (F) bronzas medaļa
Brosche: (F) broša
Broschüre: (F) brošūra
Brot: (F) maize
Brownie: (M) braunijs
Browser: (F) pārlūkprogramma
Bruch: (M) daļskaitlis , (M) lūzums
Brunei: (F) Bruneja
Brust: (M) krūškurvis
Brustbein: (M) krūšu kauls
Brustwarze: (M) krūtsgals
Bräutigam: (M) līgavainis
Brücke: (M) komandtilts
brünett: brūns
Buch: (F) grāmata
Buche: (M) dižskābardis
Buchhalter: (M) grāmatvedis
Buchhaltung: (F) grāmatvedība
Buchhandlung: (M) grāmatu veikals
Buchstabe: (M) burts
Buchung: (F) rezervēšana
Buffet: (F) bufete
Bulgarien: (F) Bulgārija
Bungeespringen: (F) gumijlēkšana
Buntstift: (M) krāsainie zīmuļi
Burger: (M) burgers
Burkina Faso: (F) Burkinafaso
Burma: (F) Mjanma
Burundi: (F) Burundi
Bus: (M) autobuss
Busen: (F) krūts
Busfahrer: (M) autobusa vadītājs
Bushaltestelle: (F) autobusa pietura
Business-Class: (F) biznesa klase
Business School: (F) biznesa skola
Butter: (M) sviests
Butterblume: (F) gundega
Buttermilch: (F) paniņas
Bär: (M) lācis
Börse: (F) birža
Börsenmakler: (M) biržas mākleris
böse: ļauns (ļaunais, ļaunāks, visļaunākais)
Bücherei: (F) bibliotēka
Bücherregal: (M) grāmatu plaukts
Büffel: (M) bifelis
Bügeleisen: (M) elektriskais gludeklis
bügeln: gludināt (3, gludinu, gludini, gludina, gludināju)
Bügeltisch: (M) gludināšanas dēlis
Bühne: (F) skatuve
Büro: (M) birojs
Büroklammer: (F) saspraude

Bürste: (F) birste

C

Californium: (M) kalifornijs
Camcorder: (F) videokamera
Camping: (M) kempings
Campingplatz: (F) kempinga vieta
Canyon: (M) kanjons
Cappuccino: (M) kapučīno
Cashewnuss: (M) indijas rieksts
Cayman Islands: (F) Kaimanu salas
CD Spieler: (M) CD atskaņotājs
Cello: (M) čells
Celsius: celsija grāds
Cha-Cha-Cha: (F) ča-ča-ča
Champagner: (M) šampanietis
Chamäleon: (M) hameleons
Chat: (F) tērzēšana
Cheerleader: (F) karsējmeitene
Cheeseburger: (M) čīzburgers
Chemie: (F) ķīmija
Chemiker: (M) ķīmiķis
chemische Reaktion: (F) ķīmiskā reakcija
chemische Verbindung: (M) ķīmiskais savienojums
Chicken Nugget: (M) vistas nagets
Chicken Wings: (M) vistas spārniņi
Chile: (F) Čīle
Chili: (M) čili
China: (F) Ķīna
chinesische Medizin: (F) Ķīniešu medicīna
Chips: (M) čipsi
Chiropraktiker: (M) hiropraktiķis
Chirurg: (M) ķirurgs
Chirurgie: (F) ķirurģija
Chlor: (M) hlors
Chrom: (M) hroms
Cockpit: (F) pilotu kabīne
Cocktail: (M) kokteilis
Cola: (F) kola
Comicbuch: (M) komikss
Computertomograf: (M) datortomogrāfs
Container: (M) konteiners
Containerschiff: (M) konteinerkuģis
Cookinseln: (F) Kuka salas
cool: stilīgs (stilīgais, stilīgāks, visstilīgākais)
Copernicium: (M) kopernikijs
Costa Rica: (F) Kostarika
Couchtisch: (M) kafijas galdiņš
Cousin: (M) brālēns
Cousine: (F) māsīca
Cranberry: (F) dzērvene
Creme: (M) krēms
Cricket: (M) krikets
Croissant: (M) kruasāns
Crosstrainer: (M) eliptiskais trenažieris
Crêpe: (F) plānās pankūkas

Curium: (M) kirijs
Curling: (M) kērlings
Curry: (M) karijs

D

Dach: (M) jumts
Dachboden: (M) bēniņi
Dachziegel: (M) dakstiņš
Dame: (F) dambrete
Damm: (M) aizsprosts
Dampfzug: (M) tvaika vilciens
danke: paldies
dann: tad
Darm: (F) zarna
Darmstadtium: (M) darmštatijs
Darts: (F) šautriņas
das: tas
Das verstehe ich nicht: Es nesaprotu
Datei: (M) fails
Datenbank: (F) datubāze
Dattel: (F) datele
Daumen: (M) īkšķis
Deck: (M) klājs
Decke: (F) sega
Dehnen: (F) stiepšanās
deine Katze: tavs kaķis
Delfin: (M) delfīns
Demokratische Republik Kongo: (F) Kongo Demokrātiskā Republika
denken: domāt (2, domāju, domā, domā, domāju)
Denkmal: (M) piemineklis
der Dritte: (M) trešais
der Erste: (M) pirmais
Dermatologie: (F) dermatoloģija
der Vierte: (M) ceturtais
der Zweite: (M) otrais
Designer: (M) dizaineris
Dessous: (F) apakšveļa
Detektiv: (M) detektīvs
Deutsch: (F) vācu valoda
Deutschland: (F) Vācija
Dezember: (M) decembris
Dezimeter: (M) decimetrs
Diabetes: (M) diabēts
Diagonale: (F) diagonāle
Diamant: (M) dimants
dick: apaļīgs (apaļīgais, apaļīgāks, visapaļīgākais)
Dickdarm: (F) resnā zarna
Dieb: (M) zaglis
Dienstag: (F) otrdiena
Diesel: (M) dīzelis
diesen Monat: šomēnes
dieses: šis
dieses Jahr: šogad
diese Woche: šonedēļ
Digitalkamera: (F) digitālā kamera
Dill: (F) dilles

Dim sum: dim sum
Dinosaurier: (M) dinozaurs
Diplom: (M) diploms
Diplomarbeit: (F) tēze
Direktor: (M) direktors
Dirigent: (M) diriģents
Diskuswerfen: (F) diska mešana
Dividende: (F) dividende
Division: (F) dalīšana
DJ: (M) dīdžejs
Doktor: (M) doktora grāds
Dollar: (M) dolārs
Dom: (F) katedrāle
Dominica: (F) Dominika
Dominikanische Republik: (F) Dominikāna
Domino: (M) domino
Donner: (M) pērkons
Donnerstag: (F) ceturtdiena
Donut: (M) virtulis
Doppelpunkt: (M) kols
Doppelzimmer: (M) divvietīgs numurs
Dorf: (M) ciems
dort: tur
Dose: (F) bundža
Dosierung: (F) deva
Draht: (M) vads
Dreadlocks: (M) dredi
Dreieck: (M) trijstūris
Dreisprung: (F) trīssoļlēkšana
Dreiviertelstunde: četrdesmit piecas minūtes
Drillinge: (M) trīnīši
drohen: draudēt (3, draudu, draudi, draud, draudēju)
drucken: drukāt (2, drukāju, drukā, drukā, drukāju)
Drucker: (M) printeris
drücken: grūst (1, grūžu, grūd, grūž, grūdu), spiest (1, spiežu, spied, spiež, spiedu)
Dschibuti: (F) Džibuti
du: tu
Dubnium: (M) dubnijs
dunkel: tumšs (tumšais, tumšāks, vistumšākais)
Durchfall: (F) caureja
durstig: izslāpis (izslāpušais)
Dusche: (F) duša
duschen: iet dušā (IRR, eju dušā, ej dušā, iet dušā, gāju dušā)
Duschgel: (F) dušas želeja
Duschhaube: (F) dušas cepure
Duschvorhang: (M) dušas aizkars
DVD Spieler: (M) DVD atskaņotājs
Dysprosium: (M) disprozijs
Dänemark: (F) Dānija
Dörrobst: (M) žāvēts auglis
Dünndarm: (F) tievā zarna

E

E-Gitarre: (F) elektriskā ģitāra
E-Mail: (M) e-pasts
E-Mail Adresse: (F) e-pasta adrese

eckig: kantains (kantainais, kantaināks, viskantainākais)
Economy-Class: (F) ekonomiskā klase
Ecuador: (F) Ekvadora
Ehefrau: (F) sieva
Ehemann: (M) vīrs
Ehering: (M) laulības gredzens
Ei: (F) ola
Eiche: (M) ozols
Eichhörnchen: (F) vāvere
Eidechse: (F) ķirzaka
Eierstock: (F) olnīca
Eigelb: (M) olas dzeltenums
eigenartig: dīvains (dīvainais, dīvaināks, visdīvainākais)
eigentlich: īstenībā
Eileiter: (M) olvads
Eimer: (M) spainis
Einbahnstraße: (F) vienvirziena iela
einfach: viegls (vieglais, vieglāks, visvieglākais)
Eingangshalle: (M) vestibils
Einkaufskorb: (M) iepirkšanās grozs
Einkaufswagen: (M) iepirkšanās rati
Einkaufszentrum: (M) iepirkšanās centrs
Einmachglas: (F) burka
einsam: vientuļš (vientuļais, vientuļāks, visvientuļākais)
einschalten: ieslēgt (1, ieslēdzu, ieslēdz, ieslēdz, ieslēdzu)
Einsteinium: (M) einšteinijs
Eintrittskarte: (F) biļete
ein Uhr früh: viens naktī
Einzelzimmer: (M) vienvietīgs numurs
Eis: (M) ledus
Eisbär: (M) polārlācis
Eiscreme: (M) saldējums
Eisen: (M) dzelzs
Eishockey: (M) hokejs
Eishockeyschläger: (F) hokeja nūja
Eiskaffee: (F) ledus kafija
Eisklettern: (F) ledus kāpšana
Eiskunstlauf: (F) daiļslidošana
Eislaufen: (F) slidošana
Eislaufplatz: (F) slidotava
Eisschnelllauf: (F) ātrslidošana
Eiweiß: (M) olas baltums
Eizelle: (F) olšūna
Ekzem: (F) ekzēma
Elch: (M) Kanādas briedis
Elefant: (M) zilonis
Elektriker: (M) elektriķis
Elektron: (M) elektrons
Elektrorasierer: (M) elektriskais skuveklis
Elektroschock: (M) elektrošoks
Elfenbeinküste: (F) Kotdivuāra
Ellbogen: (M) elkonis
Ellipse: (F) elipse
El Salvador: (F) Salvadora
Elster: (F) žagata
Eltern: (M) vecāki
Embryo: (M) embrijs
Empfang: (M) signāls

Empfangsmitarbeiter: (M) administrators
Endokrinologie: (F) endokrinoloģija
Energy Drink: (M) enerģijas dzēriens
Engel: (M) eņģelis
Englisch: (F) angļu valoda
Enkel: (M) mazdēls
Enkelin: (F) mazmeita
Enkelkind: (M) mazbērns
Ensemble: (F) aktieru grupa
Entbindung: (F) dzemdības
Ente: (F) pīle
Entschuldigen Sie: atvainojiet
Entschuldigung: piedod
Entspann dich: nomierinies
Epilepsie: (F) epilepsija
Episiotomie: (F) epiziotomija
er: viņš
Erbe: (M) mantinieks , (M) mantojums
Erbium: (M) erbijs
Erbse: (M) zirnis
Erdbeben: (F) zemestrīce
Erdbeere: (F) zemene
Erde: (F) zeme
Erdgeschoss: (M) pirmais stāvs
Erdkern: (M) zemes kodols
Erdkruste: (F) zemes garoza
Erdkunde: (F) ģeogrāfija
Erdmännchen: (M) surikats
Erdnuss: (M) zemesrieksts
Erdnussbutter: (M) zemesriekstu sviests
Erdnussöl: (F) zemesriekstu eļļa
Ergebnis: (M) rezultāts
Eritrea: (F) Eritreja
Erkältung: (F) saaukstēšanās
Erntedankfest: (F) Pateicības diena
Ersparnisse: (M) uzkrājumi
erster Stock: (M) otrais stāvs
erstes Untergeschoss: (M) pirmais pagrabstāvs
Esel: (M) ēzelis
Espresso: (M) espreso
essen: ēst (1, ēdu, ēd, ēd, ēdu)
Essig: (M) etiķis
Essstäbchen: (M) irbulītis
Estland: (F) Igaunija
euer Team: jūsu komanda
Eukalyptus: (M) eikalipts
Eule: (F) pūce
Euro: (M) eiro
Europium: (M) eiropijs

F

Fabrik: (F) rūpnīca
Fagott: (M) fagots
Fahrenheit: farenheita grāds
Fahrkartenschalter: (F) biļešu kase
Fahrplan: (M) saraksts

Fahrpreis: (F) braukšanas maksa
Fahrrad: (M) velosipēds
Fahrradergometer: (M) velotrenažieris
Fahrscheinautomat: (M) biļešu automāts
fair: godīgs (godīgais, godīgāks, visgodīgākais)
Falke: (M) piekūns
Falklandinseln: (F) Folklenda salas
Fall: (F) lieta
fallen: krist (1, krītu, krīti, krīt, kritu)
Fallschirm: (M) izpletnis
Fallschirmspringen: (F) izpletņlēkšana
falsch: nepareizs (nepareizais, nepareizāks, visnepareizākais)
Falte: (F) krunka
Familienfoto: (F) ģimenes fotogrāfija
Familientherapie: (F) ģimenes terapija
fangen: ķert (1, ķeru, ķer, ķer, ķēru)
Fanghandschuh: (M) beisbola cimds
Farbwalze: (M) krāsošanas rullis
Farn: (F) paparde
faul: slinks (slinkais, slinkāks, visslinkākais)
Faust: (F) dūre
Fax: (M) fakss
Februar: (M) februāris
Fechten: (F) paukošana
Federball: (M) volāns
Federmappe: (M) penālis
Fehlgeburt: (M) spontānais aborts
feiern: svinēt (3, svinu, svini, svin, svinēju)
Feige: (F) vīģe
Feile: (F) vīle
Feldhockey: (M) lauka hokejs
Fels: (M) akmens
Fenchel: (M) fenhelis
Feng Shui: (M) fen šui
Fenster: (M) logs
Ferkel: (M) sivēns
Fermium: (M) fermijs
fern: tālu
Fernbedienung: (M) tālvadības pults
Fernsehen: (F) televīzija
Fernseher: (M) televizors
Fernsehserie: (M) seriāls
Ferse: (M) papēdis
Fertignudeln: (F) ātrās nūdeles
Festplatte: (M) cietais disks
Feststoff: (F) cieta viela
fettes Fleisch: (F) trekna gaļa
Feuchtigkeit: (M) mitrums
Feuer: (F) uguns
Feueralarm: (F) ugunsgrēka trauksme
Feuerlöscher: (M) ugunsdzēšamais aparāts
Feuertopf: (M) karstais podiņš
Feuerwehr: (M) ugunsdzēsēji
Feuerwehrauto: (F) ugunsdzēsēju mašīna
Feuerwehrhaus: (M) ugunsdzēsēju depo
Feuerwehrmann: (M) ugunsdzēsējs
Feuerzeug: (F) šķiltavas
Fidschi: (M) Fidži

Fieber: (M) drudzis
Fiebermesser: (M) termometrs
Filter: (M) filtrs
finden: atrast (1, atrodu, atrodi, atrod, atradu)
Finger: (M) pirksts
Fingerabdruck: (M) pirkstu nospiedumi
Fingernagel: (M) nags
Finnland: (F) Somija
First-Class: (F) pirmā klase
Fisch: (F) zivs
fischen: zvejot (2, zvejoju, zvejo, zvejo, zvejoju)
Fischer: (M) zvejnieks
Fischerboot: (M) zvejas kuģis
Fischmarkt: (M) zivju tirgus
Fish and Chips: (F) zivs un frī kartupeļi
Fitnessstudio: (F) sporta zāle
flach: plakans (plakanais, plakanāks, visplakanākais)
Flachbildschirm: (M) plakanais ekrāns
Flamingo: (M) flamings
Flasche: (F) pudele
Fledermaus: (M) sikspārnis
Fleisch: (F) gaļa
Fleischkloß: (F) gaļas bumbiņa
Flerovium: (M) flerovijs
Fliege: (F) muša , (M) tauriņš
fliegen: lidot (2, lidoju, lido, lido, lidoju)
Fliese: (F) flīze
Flipchart: (F) papīra tāfele
Flipflops: (F) iešļūcenes
Flitterwochen: (M) medusmēnesis
Flosse: (F) plezna
Flugblatt: (F) skrejlapa
Fluggesellschaft: (F) aviokompānija
Flughafen: (F) lidosta
Fluglotse: (M) gaisa satiksmes kontrolieris
Flugzeug: (F) lidmašīna
Flugzeugträger: (M) aviācijas bāzeskuģis
Fluor: (M) fluors
Fluss: (F) upe
Flut: (M) plūdi
Flutwelle: (M) paisuma vilnis
Fläche: (M) laukums
Flügel: (M) spārns
Flüssigkeit: (M) šķidrums
flüstern: čukstēt (3, čukstu, čuksti, čukst, čukstēju)
folgen: sekot (2, sekoju, seko, seko, sekoju)
Formel 1: (F) Formula 1
Forschung: (F) pētniecība
Fotoalbum: (M) fotoalbums
Fotoapparat: (M) fotoaparāts
Fotograf: (M) fotogrāfs
Foundation: (M) tonālais krēms
Frachtflugzeug: (F) kravas lidmašīna
fragen: jautāt (2, jautāju, jautā, jautā, jautāju)
Fragezeichen: (F) jautājuma zīme
Francium: (M) francijs
Frankreich: (F) Francija
Französisch: (F) franču valoda

Französisch-Polynesien: (F) Franču Polinēzija
Frau: (F) sieviete
Freestyle-Skiing: (F) frīstaila slēpošana
Freitag: (F) piektdiena
Freizeitpark: (M) atrakciju parks
Freund: (M) draugs
Freundin: (F) draudzene
freundlich: draudzīgs (draudzīgais, draudzīgāks, visdraudzīgākais)
Friedhof: (F) kapsēta
Friseur: (M) frizieris
Frosch: (F) varde
Frostschutzmittel: (M) antifrīzs
Fruchtgummi: (F) želejas konfekte
Fruchtsalat: (M) augļu salāti
Frühling: (M) pavasaris
Frühlingsrolle: (M) pavasara rullītis
Frühlingszwiebel: (M) lociņi
Frühstück: (F) brokastis
Frühstücksflocken: (F) brokastu pārslas
Fuchs: (F) lapsa
Funkgerät: (F) rācija
Fuß: (F) pēda
Fußball: (M) futbols , (F) futbola bumba
Fußballschuhe: (M) futbola apavi
Fußballstadion: (M) futbola stadions
Fußboden: (F) grīda
Fußgängerzone: (F) gājēju zona
Fähre: (M) prāmis
Färöer: (F) Fēru salas
Föhn: (M) fēns
Fötus: (M) auglis
fünfter Stock: (M) sestais stāvs
füttern: barot (2, baroju, baro, baro, baroju)

G

Gabel: (F) dakša
Gabelstapler: (M) autoiekrāvējs
Gabun: (F) Gabona
Gadolinium: (M) gadolīnijs
Galaxie: (F) galaktika
Gallenblase: (M) žultspūslis
Gallium: (M) gallijs
Gambia: (F) Gambija
Gang: (M) koridors , (F) eja
Gangschaltung: (F) ātrumkārba
Gans: (F) zoss
Garage: (F) garāža
Garagentor: (F) garāžas durvis
Garantie: (F) garantija
Garten: (M) dārzs
Gas: (F) gāze
Gaspedal: (M) gāzes pedālis
Gasse: (F) aleja
Gast: (M) viesis
geben: dot (IRR, dodu, dod, dod, devu)
gebratene Nudeln: (F) ceptas nūdeles

gebratener Reis: (M) cepti rīsi
Geburt: (F) dzimšana
Geburtstag: (F) dzimšanas diena
Geburtstagskuchen: (F) dzimšanas dienas torte
Geburtstagsparty: (F) dzimšanas dienas ballīte
Geburtsurkunde: (F) dzimšanas apliecība
Gebärmutter: (F) dzemde
Gecko: (M) gekons
Gefrierschrank: (F) saldētava
Gefängnis: (M) cietums
gefärbt: krāsots
Gehalt: (F) alga
gehen: iet (IRR, eju, ej, iet, gāju)
Gehen wir nach Hause: Ejam mājās
Geh geradeaus: ej taisni
Gehirn: (F) smadzenes
Gehirnerschütterung: (M) smadzeņu satricinājums
Gehsteig: (M) trotuārs
Geht es dir gut?: Vai tev viss kārtībā?
Geige: (F) vijole
Geisir: (M) geizers
geizig: mantkārīgs (mantkārīgais, mantkārīgāks, vismantkārīgākais)
gekocht: vārīts (vārītais, vārītāks, visvārītākais)
gekochtes Ei: (F) vārīta ola
gelb: dzeltens
Geld: (F) nauda
Geldbörse: (M) sieviešu maks
Geldschein: (F) banknote
Geldtasche: (M) kabatas portfelis
gelockt: sprogaini
Gemälde: (F) glezna
Generator: (M) ģenerators
genießen: baudīt (3, baudu, baudi, bauda, baudīju)
Geometrie: (F) ģeometrija
Georgien: (F) Gruzija
Gepard: (M) gepards
Gepäck: (F) bagāža
gerade: taisns (taisnais, taisnāks, vistaisnākais)
Gerade: (F) taisna līnija
Gericht: (F) tiesa
Germanium: (M) germānijs
Gerüst: (F) sastatnes
Geschenk: (F) dāvana
Geschichte: (F) vēsture
Geschirrspüler: (F) trauku mazgājamā mašīna
Geschlecht: (M) dzimums
Geschwindigkeitsanzeige: (M) spidometrs
Geschwindigkeitsgrenze: (M) ātruma ierobežojums
Geschwister: (M / F) brālis / māsa
Geschworenen: (M) zvērinātie
Geschäftsessen: (F) biznesa vakariņas
Geschäftsführer: (M) ģenerāldirektors
Geschäftsreise: (M) komandējums
Gesetz: (M) likums
Gesichtscreme: (M) sejas krēms
Gesichtsmaske: (F) sejas maska
Gesichtswasser: (M) sejas toneris
gestern: vakar

gesund: vesels (veselais, veselāks, visveselākais)
Gesäß: (M) dibens
Gewichtheben: (F) svarcelšana
Gewinn: (F) peļņa
gewinnen: uzvarēt (3, uzvaru, uzvari, uzvar, uzvarēju)
Gewitter: (M) negaiss
Gewächshaus: (F) siltumnīca
Ghana: (F) Gana
Gibraltar: (M) Gibraltārs
Gießkanne: (F) lejkanna
Gin: (M) džins
Gips: (M) ģipsis
Giraffe: (F) žirafe
Gitarre: (F) ģitāra
Gladiole: (F) gladiola
Glas: (F) glāze
glatt: taisni
Glatze: (F) plika galva
Gleichung: (M) vienādojums
Gleis: (M) sliežu ceļš
Gleitgel: (M) lubrikants
Gletscher: (M) šļūdonis
Gluten: (M) glutēns
Glätteisen: (M) matu taisnotājs
glücklich: laimīgs (laimīgais, laimīgāks, vislaimīgākais)
Glühbirne: (F) spuldze
Gold: (M) zelts
Gold ist teurer als Silber: Zelts ir dārgāks par sudrabu
Goldmedaille: (F) zelta medaļa
Golf: (M) golfs
Golfball: (F) golfa bumbiņa
Golfplatz: (M) golfa laukums
Golfschläger: (F) golfa nūja
Gottesanbeterin: (M) dievlūdzējs
GPS: (M) GPS
Grab: (M) kaps
graben: rakt (1, roku, roc, rok, raku)
Graduierung: (M) izlaidums
Graduierungsfeier: (F) izlaiduma ceremonija
Gramm: (M) grams
Granit: (M) granīts
Grapefruit: (M) greipfrūts
Graphit: (M) grafīts
Gras: (F) zāle
grau: pelēks
Grenada: (F) Grenāda
Griechenland: (F) Grieķija
Grille: (M) circenis
Grillen: (M) barbekjū
Grippe: (F) gripa
groß: liels (lielais, lielāks, vislielākais), garš (garais, garāks, visgarākais)
Großbritannien: (F) Apvienotā Karaliste
großer Bruder: (M) vecākais brālis
große Schwester: (F) vecākā māsa
Großmutter: (F) vecāmāte
Großvater: (M) vectēvs
großzügig: devīgs (devīgais, devīgāks, visdevīgākais)
Grundschule: (F) sākumskola

Gruppentherapie: (F) grupas terapija
Gräte: (F) asaka
Grönland: (F) Grenlande
Grübchen: (F) vaigu bedrīte
grün: zaļš
grüner Tee: (F) zaļā tēja
Guatemala: (F) Gvatemala
Guinea: (F) Gvineja
Guinea-Bissau: (F) Gvineja-Bisava
Gulasch: (M) gulašs
Gummiband: (F) gumija
Gummistiefel: (M) gumijas zābaki
Gurke: (M) gurķis
gut: labs (labais, labāks, vislabākais)
gutaussehend: izskatīgs (izskatīgais, izskatīgāks, visizskatīgākais)
Guten Tag: labdien
Guyana: (F) Gajāna
Gynäkologie: (F) ginekoloģija
Gänseblume: (F) margrietiņa
Gärtner: (M) dārznieks
Gürtel: (F) josta
Güterzug: (M) kravas vilciens

H

Haar: (M) mats
Haargel: (F) matu želeja
Haargummi: (F) matu gumija
Haarspange: (F) matu sprādze
Hacke: (M) kaplis
Hackfleisch: (F) maltā gaļa
Hafen: (F) osta
Hafer: (F) auzas
Haferbrei: (F) biezputra
Haferflocken: (F) auzu pārslas
Hafnium: (M) hafnijs
Hahn: (M) gailis
Hai: (F) haizivs
Haiti: (F) Haiti
halbe Stunde: pusstunda
Halbinsel: (F) pussala
Halbmetall: (M) pusmetāls
Hallo: čau , sveiki
Halloween: (M) Halovīns
Hals: (M) kakls
Halskette: (F) kaklarota
Halskrause: (F) kakla ortoze
Halsweh: (M) iekaisis kakls
Hamburger: (M) hamburgers
Hammer: (M) āmurs
Hammerwerfen: (F) vesera mešana
Hamster: (M) kāmis
Hand: (F) plauksta
Handball: (F) rokasbumba
Handbremse: (F) rokas bremze
Handfläche: (F) delna
Handgelenk: (F) plaukstas locītava

Handgepäck: (F) rokas bagāža
Handschelle: (M) roku dzelži
Handschuh: (M) cimds
Handsäge: (M) rokas zāģis
Handtasche: (F) rokassoma
Handtuch: (M) dvielis
Hang: (F) nogāze
Hantel: (F) hantele
Harfe: (F) arfa
hart: ciets (cietais, cietāks, viscietākais)
Haselnuss: (M) lazdu rieksts
Hassium: (M) hasijs
Hauptstadt: (F) galvaspilsēta
Haus: (F) māja
Hausaufgabe: (M) mājas darbs
Haustür: (F) galvenās durvis
Heavy Metal: (M) smagais metāls
Hebamme: (F) vecmāte
heben: celt (1, ceļu, cel, ceļ, cēlu)
Hecke: (M) dzīvžogs
Hefe: (M) raugs
Heft: (F) klade
Heidelbeere: (F) mellene
heilig: svēts (svētais, svētāks, vissvētākais)
heiraten: precēt (3, precu, preci, prec, precēju)
Heizkörper: (M) radiators
Heizung: (F) apkure
heiß: karsts (karstais, karstāks, viskarstākais)
heiße Schokolade: (F) karstā šokolāde
Heißluftballon: (M) gaisa balons
helfen: palīdzēt (3, palīdzu, palīdzi, palīdz, palīdzēju)
Helium: (M) hēlijs
hell: gaišs (gaišais, gaišāks, visgaišākais)
Helm: (F) ķivere
Hemd: (M) krekls
Herbst: (M) rudens
Herd: (F) plīts
Herz: (F) sirds
Herzinfarkt: (F) sirdstrieka
Heuschnupfen: (M) siena drudzis
Heuschrecke: (M) sienāzis
heute: šodien
hier: šeit
Himalaja: (M) Himalaji
Himbeere: (F) avene
hinten: atpakaļ
Hobel: (F) ēvele
hoch: augsts (augstais, augstāks, visaugstākais)
Hochgeschwindigkeitszug: (M) ātrgaitas vilciens
Hochhaus: (M) debesskrāpis
Hochsprung: (F) augstlēkšana
Hochzeit: (F) kāzas
Hochzeitskleid: (F) kāzu kleita
Hochzeitstorte: (F) kāzu torte
Hocker: (M) ķeblis
Hoden: (M) sēklinieks
Hodensack: (M) sēklinieku maisiņš
Hoheitsgebiet: (F) teritorija

Holmium: (M) holmijs
Holzarbeit: (M) koka izstrādājumi
Holzbalken: (F) koka sija
Homöopathie: (F) homeopātija
Honduras: (F) Hondurasa
Hongkong: (F) Honkonga
Honig: (M) medus
Horrorfilm: (F) šausmu filma
Hose: (F) bikses
Hosentasche: (F) kabata
Hotdog: (M) hotdogs
Hotel: (F) viesnīca
Hubschrauber: (M) helikopters
Huhn: (F) vista
Hummel: (F) kamene
Hummer: (M) omārs
Hund: (M) suns
Hundehütte: (F) suņu būda
hungrig: izsalcis (izsalkušais)
Hupe: (F) taure
Husten: (M) klepus
Hustensaft: (M) klepus sīrups
Hut: (F) cepure
Hydrant: (M) hidrants
Hydrotherapie: (F) hidroterapija
Hypnose: (F) hipnoze
hämmern: sist ar āmuru (1, situ ar āmuru, sit ar āmuru, sit ar āmuru, situ ar āmuru)
Hämorrhoide: (M) hemoroīds
hässlich: neglīts (neglītais, neglītāks, visneglītākais)
höchst: visvairāk
Höhe: (M) augstums
Höhle: (F) ala
Hörsaal: (F) auditorija
Hügel: (M) pauguri
Hühnerfleisch: (F) vistas gaļa
Hürdenlauf: (M) barjerskrējiens
Hütte: (M) šķūnis

I

ich: es
Ich brauche das: Man vajag šo
Ich habe einen Hund: Man ir suns
Ich liebe dich: Es mīlu tevi
Ich mag das nicht: Man tas nepatīk
Ich mag dich: Tu man patīc
Ich möchte das: es to gribu
Ich möchte mehr: Es gribu vēl
Ich stimme zu: es piekrītu
Ich vermisse dich: Man tevis pietrūkst
Ich weiß: Es zinu
Ich weiß nicht: Es nezinu
Icon: (F) ikona
Igel: (M) ezis
ihr: jūs
ihr Kleid: viņas kleita
ihr Unternehmen: viņu uzņēmums

immer: vienmēr
Immobilienmakler: (M) nekustamā īpašuma aģents
Indien: (F) Indija
Indischer Ozean: (M) Indijas okeāns
Indium: (M) indijs
Indonesien: (F) Indonēzija
Industriegebiet: (M) rūpniecības rajons
Infektion: (F) infekcija
Infusion: (F) infūzija
Ingenieur: (M) inženieris
Ingwer: (M) ingvers
Inhalator: (M) inhalators
Inhalt: (M) saturs
Inhaltsverzeichnis: (M) satura rādītājs
Inlineskating: (F) skrituļslidošana
innen: iekšā
Insektenschutzmittel: (M) pretodu līdzeklis
Insel: (F) sala
Insulin: (M) insulīns
Intensivstation: (F) intensīvās terapijas nodaļa
Investition: (F) investīcija
Ion: (M) jons
Irak: (F) Irāka
Iran: (F) Irāna
Iridium: (M) irīdijs
Irland: (F) Īrija
Island: (F) Islande
Isolierband: (F) izolācijas lente
Isotop: (M) izotops
Israel: (F) Izraēla
IT: (F) IT
Italien: (F) Itālija

J

Jacht: (F) jahta
Jacke: (F) žakete
Jackfrucht: (M) džekfrūts
Jade: (M) nefrīts
Jahr: (M) gads
Jahrhundert: (M) gadsimts
Jahrtausend: (F) tūkstošgade
Jahrzehnt: (F) dekāde
Jalousie: (F) žalūzijas
Jamaika: (F) Jamaika
Januar: (M) janvāris
Japan: (F) Japāna
Japanisch: (F) japāņu valoda
Jazz: (M) džezs
Jeans: (M) džinsi
jeder: visi , katrs
Jemen: (F) Jemena
Jet-Ski: (M) ūdens motocikls
jetzt: tagad
Jive: (M) džaivs
Job: (M) darbs
Jod: (M) jods

Joghurt: (M) jogurts
Johannisbeere: (F) upene
Jordanien: (F) Jordānija
Journalist: (M) žurnālists
Judo: (M) džudo
Jugendherberge: (M) hostelis
Juli: (M) jūlijs
jung: jauns (jaunais, jaunāks, visjaunākais)
Junge: (M) zēns
Juni: (M) jūnijs
Jupiter: (M) Jupiters
Juwelier: (M) juvelieris

K

Kabel: (M) kabelis
Kabine: (F) kajīte
Kadmium: (M) kadmijs
Kaffee: (F) kafija
Kaffeemaschine: (M) kafijas automāts
Kaiserschnitt: (M) ķeizargrieziens
Kaktus: (M) kaktuss
Kalbfleisch: (F) teļa gaļa
Kalender: (M) kalendārs
Kalium: (M) kālijs
Kalk: (M) krīts
Kalkstein: (M) kaļķakmens
kalt: auksts (aukstais, aukstāks, visaukstākais)
Kalzit: (M) kalcīts
Kalzium: (M) kalcijs
Kambodscha: (F) Kambodža
Kamel: (M) kamielis
Kameramann: (M) operators
Kamerun: (F) Kamerūna
Kamm: (F) ķemme
Kanada: (F) Kanāda
Kanal: (M) kanāls
Kanaldeckel: (F) kanalizācijas lūka
Kaninchen: (M) trusis
Kantine: (F) ēdnīca
Kanu: (F) kanoe airēšana , (F) kanoe
Kapitän: (M) kapteinis
Kappe: (F) beisbola cepure
Kapsel: (F) kapsula
Kap Verde: (F) Kaboverde
Karamell: (F) karamele
Karate: (M) karatē
Kardiologie: (F) kardioloģija
Karies: (M) kariess
Karikatur: (F) karikatūra
Karotte: (M) burkāns
Kart: (M) kartings
Karte: (F) karte
Kartenspiel: (F) kāršu spēle
Kartoffel: (M) kartupelis
Kartoffelpüree: (M) kartupeļu biezenis
Kartoffelsalat: (M) kartupeļu salāti

Kartoffelspalten: (F) kartupeļu daiviņas
Karussell: (M) karuselis
Kasachstan: (F) Kazahstāna
Kasino: (M) kazino
Kasse: (F) kase
Kassierer: (M) kasieris
Katar: (F) Katara
Katheter: (M) katetrs
Katze: (M) kaķis
kaufen: pirkt (1, pērku, pērc, pērk, pirku)
Kaugummi: (F) košļājamā gumija
Kebab: (M) kebabs
Kegel: (M) konuss
keine: neviens
Kein Problem: bez problēmām
Keks: (M) cepums
Keller: (M) pagrabs
Kellner: (M) viesmīlis
Kenia: (F) Kenija
Kern: (M) kauliņš
Kerze: (F) svece
Ketchup: (F) tomātu mērce
Kette: (F) ķēde
Kettensäge: (M) motorzāģis
Keyboard: (M) sintezators
kicken: spert (1, speru, sper, sper, spēru)
Kiefer: (M) žokļa kauls , (F) priede
Killerwal: (M) zobenvaļis
Kilo: (M) kilograms
Kind: (M) bērns
Kindergarten: (M) bērnudārzs
Kindergärtnerin: (F) bērnudārza audzinātāja
Kinderheilkunde: (F) pediatrija
Kinderkrippe: (F) bēbīšu skoliņa
Kindersitz: (M) bērnu sēdeklis
Kinderwagen: (M) bērnu ratiņi
Kinderzimmer: (F) bērnistaba
Kinn: (M) zods
Kino: (M) kinoteātris
Kirche: (F) baznīca
Kirgisistan: (F) Kirgizstāna
Kiribati: (M) Kiribati
Kirsche: (M) ķirsis
Kissen: (M) spilvens
Kiwi: (M) kivi
Klammermaschine: (M) skavotājs
Klarinette: (F) klarnete
klassische Musik: (F) klasiskā mūzika
Klavier: (F) klavieres
Klebeband: (F) līmlente
Klebstoff: (F) līme
Klee: (M) āboliņš
Kleid: (F) kleita
Kleidergröße: (M) kleitas izmērs
Kleiderschrank: (M) drēbju skapis
klein: mazs (mazais, mazāks, vismazākais), īss (īsais, īsāks, visīsākais)
Kleinbus: (M) mikroautobuss
kleiner Bruder: (M) mazais brālis

kleiner Finger: (M) mazais pirkstiņš
kleiner Panda: (F) sarkanā panda
kleine Schwester: (F) mazā māsa
kleines Schwarzes: (F) mazā melnā kleita
Klemmbrett: (F) starpliktuve
Klempner: (M) santehniķis
Klettern: (F) klinšu kāpšana
klettern: kāpt (1, kāpju, kāp, kāpj, kāpu)
Klimaanlage: (M) gaisa kondicionieris
Klingel: (M) zvans
Klinik: (F) klīnika
Klippe: (F) klints
Klippenspringen: (F) klints lēkšana
Klitoris: (M) klitors
Klo: (F) tualete
Klopapier: (M) tualetes papīrs
klug: gudrs (gudrais, gudrāks, visgudrākais)
Kläranlage: (F) notekūdeņu attīrīšanas iekārta
Knie: (M) celis
Kniebeuge: (M) pietupiens
Kniescheibe: (M) ceļa kauls
Knoblauch: (M) ķiploks
Knochen: (M) kauls
Knochenmark: (F) kaulu smadzenes
Knopf: (F) poga
Knorpel: (M) skrimslis
Knöchel: (F) potīte
Koala: (F) koala
Kobalt: (M) kobalts
Koch: (M) pavārs
kochen: gatavot (2, gatavoju, gatavo, gatavo, gatavoju)
Kochlöffel: (F) koka karote
Kochtopf: (M) katls
Kofferraum: (M) aizmugurējais bagažnieks
Kohl: (M) kāposts
Kohle: (F) ogle
Kohlendioxid: (M) oglekļa dioksīds
Kohlenmonoxid: (M) oglekļa monoksīds
Kohlenstoff: (M) ogleklis
Kohlrabi: (M) kolrābis
Kokosnuss: (M) kokosrieksts
Kollege: (M) kolēģis
Kolonie: (F) kolonija
Kolumbien: (F) Kolumbija
Komet: (F) komēta
Komma: (M) komats
kommen: nākt (1, nāku, nāc, nāk, nācu)
Kommentator: (M) komentētājs
Komm mit: nāc ar mani
Komoren: (F) Komoras
Kompass: (M) kompass
Komödie: (F) komēdija
Kondom: (M) prezervatīvs
Konferenzraum: (F) sapulču telpa
Kontaktlinse: (F) kontaktlēca
Kontinent: (M) kontinents
Konto: (M) bankas konts
Kontonummer: (M) konta numurs

Kontrabass: (M) kontrabass
Konzert: (M) koncerts
Kopf: (F) galva
Kopfhörer: (F) austiņas
Kopfverletzung: (F) galvas trauma
Kopfweh: (F) galvassāpes
kopieren: kopēt (2, kopēju, kopē, kopē, kopēju)
Korallenriff: (M) koraļļu rifs
Korb: (M) grozs
Koriander: (M) koriandrs
Korkenzieher: (M) korķviļķis
Kosovo: (F) Kosova
Krabbe: (M) krabis
krabbeln: rāpot (2, rāpoju, rāpo, rāpo, rāpoju)
Kraft: (M) spēks
Kragen: (F) apkaklīte
Krake: (M) astoņkājis
Krampf: (M) krampji
Kran: (M) celtnis
krank: slims (slimais, slimāks, visslimākais)
Krankenhaus: (F) slimnīca
Krankenschwester: (F) medmāsa
Kranwagen: (M) kravas celtnis
Krater: (M) krāteris
Krawatte: (F) kaklasaite
Krebs: (M) vēzis
Kredit: (M) aizdevums
Kreditkarte: (F) kredītkarte
Kreide: (M) krīts
Kreis: (M) aplis
Kreisverkehr: (M) apļveida krustojums
Kreuzfahrtschiff: (M) kruīza kuģis
Kreuzung: (M) krustojums
Kreuzworträtsel: (F) krustvārdu mīklas
Krimi: (M) trilleris
Kristallzucker: (M) smalkais cukurs
Kroatien: (F) Horvātija
Krokodil: (M) krokodils
Krone: (M) kronis , (F) krona
Krypton: (M) kriptons
Krähe: (F) vārna
Krücke: (M) kruķis
Kuba: (F) Kuba
Kubikmeter: (M) kubikmetrs
Kuchen: (F) kūka
Kugel: (F) sfēra
Kugelschreiber: (F) lodīšu pildspalva
Kugelstoßen: (F) lodes grūšana
Kuh: (F) govs
Kunde: (M) klients
Kunst: (F) māksla
Kunstgalerie: (F) mākslas galerija
Kunststoff: (F) plastmasa
Kupfer: (M) varš
Kupplung: (M) sajūgs
Kurve: (F) līkne
kurvig: līkumots (līkumotais, līkumotāks, vislīkumotākais)
kurz: īss (īsais, īsāks, visīsākais)

kurze Hose: (M) šorti
Kuscheltier: (F) mīkstā rotaļlieta
Kuss: (M) skūpsts
Kuwait: (F) Kuveita
Käfer: (F) vabole
kämpfen: cīnīties (3, cīnos, cīnies, cīnās, cīnījos)
Känguru: (M) ķengurs
Käse: (M) siers
Käsekuchen: (F) siera kūka
Können Sie mir helfen?: Vai jūs varat man palīdzēt?
Küche: (F) virtuve
Kühlschrank: (M) ledusskapis
Küken: (M) cālis
Künstler: (M) mākslinieks
Kürbis: (M) ķirbis
küssen: skūpstīt (3, skūpstu, skūpsti, skūpsta, skūpstīju)
Küste: (M) krasts

L

Labor: (F) laboratorija
lachen: smieties (1, smejos, smejies, smejas, smējos)
Lachs: (M) lasis
Lack: (F) laka
Lacrosse: (M) lakross
Lager: (F) noliktava
Lagerfeuer: (M) ugunskurs
Lakritze: (F) lakrica
Lama: (F) lama
Lammfleisch: (F) jēra gaļa
Lampe: (F) lampa
Land: (F) valsts
Landebahn: (M) skrejceļš
lang: garš (garais, garāks, visgarākais)
lange Unterwäsche: (F) termo apakšveļa
Langhantel: (M) svaru stienis
langsam: lēns (lēnais, lēnāks, vislēnākais)
langsamer Walzer: (M) valsis
langweilig: garlaicīgs (garlaicīgais, garlaicīgāks, visgarlaicīgākais)
Lanthan: (M) lantāns
Laos: (F) Laosa
Laptop: (M) klēpjdators
Lasagne: (F) lazanja
Lastwagen: (F) kravas automašīna
Lastwagenfahrer: (M) kravas automašīnas šoferis
Latein: (F) latīņu valoda
Lateinamerikanische Tänze: (F) latīņamerikas dejas
Lauch: (M) puravs
Laufband: (M) skrejceliņš
Laufen: (F) skriešana
laufen: skriet (1, skrienu, skrien, skrien, skrēju)
laut: skaļš (skaļais, skaļāks, visskaļākais)
Lautsprecher: (M) skaļrunis
Lava: (F) lava
Lawrencium: (M) lourensijs
leben: dzīvot (2, dzīvoju, dzīvo, dzīvo, dzīvoju)
Leber: (F) aknas

Lederschuhe: (M) ādas apavi
leer: tukšs (tukšais, tukšāks, vistukšākais)
Leerzeichen: (F) atstarpe
legen: likt (1, lieku, liec, liek, liku)
Leggings: (M) legingi
Lehre: (F) arodapmācība
Lehrer: (M) skolotājs
Lehrling: (M) māceklis
Leichnam: (M) līķis
leicht: viegls (vieglais, vieglāks, visvieglākais)
Leinwand: (M) ekrāns
leise: mierīgs (mierīgais, mierīgāks, vismierīgākais)
Leiter: (F) trepes
Leitungswasser: (M) krāna ūdens
Lemur: (M) lemurs
Lenkrad: (F) stūre
Leopard: (M) leopards
lernen: mācīties (3, mācos, mācies, mācās, mācījos)
lesen: lasīt (3, lasu, lasi, lasa, lasīju)
Lesesaal: (F) lasītava
Lesotho: (M) Lesoto
Lettland: (F) Latvija
letzten Monat: pāgājušomēnes
letztes Jahr: pagājušogad
letzte Woche: pagājušonedēļ
Leuchtturm: (F) bāka
Libanon: (F) Libāna
Libelle: (F) spāre
Liberia: (F) Libērija
Libyen: (F) Lībija
Lichtschalter: (M) gaismas slēdzis
Lidschatten: (F) acu ēnas
Lidstrich: (M) acu zīmulis
Liebe: (F) mīlestība
lieben: mīlēt (3, mīlu, mīli, mīl, mīlēju)
Liebeskummer: (F) salauzta sirds
Liebst du mich?: Vai tu mani mīli?
Liechtenstein: (F) Lihtenšteina
Liedtext: (M) dziesmas vārdi
liefern: piegādāt (2, piegādāju, piegādā, piegādā, piegādāju)
liegen: gulēt (3, guļu, guli, guļ, gulēju)
Liegestuhl: (M) dārza krēsls
Liegestütz: (F) pumpēšanās
Likör: (M) liķieris
lila: purpurs
Limette: (M) laims
Limonade: (F) limonāde
Limousine: (M) limuzīns
Lineal: (M) lineāls
links: kreisais
Lipgloss: (M) lūpu spīdums
Lippe: (F) lūpas
Lippenbalsam: (M) lūpu balzāms
Lippenstift: (F) lūpu krāsa
Litauen: (F) Lietuva
Liter: (M) litrs
Literatur: (F) literatūra
Lithium: (M) litijs

Litschi: (F) līčija
Livermorium: (M) livermorijs
Locher: (M) caurumotājs
Lockenstab: (F) lokšķēres
Lokomotive: (F) lokomotīve
Lokomotivführer: (M) vilciena vadītājs
Lotusfrucht: (F) lotosa sakne
Luftdruck: (M) gaisa spiediens
Luftmatratze: (M) piepūšamais matracis
Luftpumpe: (M) gaisa pumpis
Luftröhre: (F) traheja
Lunge: (F) plauša
lustig: smieklīgs (smieklīgais, smieklīgāks, vissmieklīgākais)
Lutetium: (M) lutēcijs
Luxemburg: (F) Luksemburga
lächeln: smaidīt (3, smaidu, smaidi, smaida, smaidīju)
Längengrad: (M) garuma grādi
Lärche: (F) lapegle
Lätzchen: (M) priekšautiņš
Löffel: (F) karote
Löwe: (F) lauva
Löwenzahn: (F) pienene

M

Macao: (M) Makao
Mach dir keine Sorgen: neuztraucies
Macht nichts: nav svarīgi
Madagaskar: (F) Madagaskara
Magazin: (M) žurnāls
Magen: (M) kuņģis
mager: tievs (tievais, tievāks, vistievākais)
mageres Fleisch: (F) liesa gaļa
Magma: (F) magma
Magnesium: (M) magnijs
Magnet: (M) magnēts
Magnetresonanztomografie: (F) magnētiskās rezonanses tomogrāfija
Mai: (M) maijs
Mais: (F) kukurūza
Maiskeimöl: (F) kukurūzas eļļa
Majoran: (M) majorāns
Malawi: (F) Malāvija
Malaysia: (F) Malaizija
Malediven: (F) Maldīvija
malen: gleznot (2, gleznoju, glezno, glezno, gleznoju)
Mali: (F) Mali
Malta: (F) Malta
Mama: (F) mamma
Manager: (M) vadītājs
Mandarin: (F) ķīniešu valoda
Mandel: (F) mandele
Mangan: (M) mangāns
Mango: (M) mango
Maniküre: (M) manikīrs
Mann: (M) vīrietis
Mantel: (M) mētelis
Manuskript: (M) scenārijs

Marathon: (M) maratons
Marienkäfer: (F) mārīte
Marketing: (M) mārketings
Markt: (M) tirgus
Marmelade: (M) ievārījums
Marokko: (F) Maroka
Mars: (M) Marss
Marshallinseln: (F) Māršala salas
Marshmallow: (M) zefīrs
Martini: (M) martini
Mascara: (F) skropstu tuša
Maschinenraum: (F) mašīntelpa
Masern: (F) masalas
Massage: (F) masāža
Masseur: (M) masieris
massieren: masēt (2, masēju, masē, masē, masēju)
Mast: (M) masts
Master: (M) maģistrs
Mathematik: (F) matemātika
Matratze: (M) matracis
Mauretanien: (F) Mauritānija
Mauritius: (F) Maurīcija
Maus: (F) pele
Maut: (F) nodeva
Mayonnaise: (F) majonēze
Mazedonien: (F) Maķedonija
Maßband: (F) mērlente
Mechaniker: (M) mehāniķis
Medaille: (F) medaļa
Meditation: (F) meditācija
Meer: (F) jūra
Meeresfrüchte: (F) jūras veltes
Meeresschildkröte: (M) bruņurupucis
Meerschweinchen: (F) jūrascūciņa
Mehl: (M) milti
mehr: vairāk
Meile: (F) jūdze
mein Hund: mans suns
Meitnerium: (M) meitnerijs
Melodie: (F) melodija
Mendelevium: (M) mendeļejevijs
Merkur: (M) Merkurs
messen: mērīt (3, mēru, mēri, mēra, mērīju)
Messer: (M) nazis
Metall: (M) metāls
Meteorit: (M) meteorīts
Meter: (M) metrs
Methan: (M) metāns
Metropole: (F) metropole
Metzger: (M) miesnieks
Mexiko: (F) Meksika
Migräne: (F) migrēna
Mikronesien: (F) Mikronēzija
Mikroskop: (M) mikroskops
Mikrowelle: (F) mikroviļņu krāsns
Milch: (M) piens
Milchpulver: (M) piena pulveris
Milchstraße: (M) Piena Ceļš

Milchtee: (F) piena tēja
Milkshake: (M) piena kokteilis
Milliliter: (M) mililitrs
Millimeter: (M) milimetrs
Milz: (F) liesa
Minibar: (M) minibārs
Minister: (M) ministrs
Ministerpräsident: (M) premjerministrs
Minute: (F) minūte
Minze: (F) piparmētra
Mistgabel: (F) dārza dakša
Mistkübel: (F) miskaste
Mitglied: (M) biedrs
Mitgliedschaft: (F) piederība
Mittag: (M) pusdienlaiks
Mittagessen: (F) pusdienas
Mittelfinger: (M) vidējais pirksts
Mittelmeer: (F) Vidusjūra
Mittelschule: (F) pamatskola
Mitternacht: (F) pusnakts
Mittwoch: (F) trešdiena
Mixer: (M) mikseris
Mobiltelefon: (M) mobilais telefons
Model: (F) modele
Moderator: (M) raidījuma vadītājs
Moderner Fünfkampf: (F) modernā pieccīņa
Mokka: (F) mokas kafija
Moldawien: (F) Moldova
Molekül: (F) molekula
mollig: tukls (tuklais, tuklāks, vistuklākais)
Molybdän: (M) molibdēns
Monaco: (M) Monako
Monat: (M) mēnesis
Mond: (M) mēness
Mondfinsternis: (M) mēness aptumsums
Mongolei: (F) Mongolija
Monopoly: (M) Monopols
Monsun: (M) musons
Montag: (F) pirmdiena
Montenegro: (F) Melnkalne
Montserrat: (F) Montserrata
Moor: (M) purvs
morgen: rīt
Morgen: (M) rīts
Mosambik: (F) Mozambika
Moschee: (F) mošeja
Motocross: (M) motokross
Motor: (M) dzinējs
Motorhaube: (M) motora pārsegs
Motorrad: (M) motocikls
Motorradsport: (F) motošoseja
Motorroller: (M) motorolleris
Motte: (F) kode
Mountainbiken: (F) kalnu riteņbraukšana
Mozzarella: (F) mocarella
MP3-Player: (M) MP3 atskaņotājs
Muffin: (M) mafins
Mufti: (M) muftijs

Multiplikation: (F) reizināšana
Mumps: (M) epidēmiskais parotīts
Mund: (F) mute
Mundharmonika: (F) mutes harmonikas
Mundschutz: (M) mutes aizsargs
Muschel: (M) gliemežvāks
Museum: (M) muzejs
Musiker: (M) mūziķis
Muskatnuss: (M) muskatrieksts
Muskel: (M) muskulis
mutig: drosmīgs (drosmīgais, drosmīgāks, visdrosmīgākais)
Mutter: (F) māte
Mutterleib: (F) dzemde
Mädchen: (F) meitene
Mähdrescher: (M) kombains
März: (M) marts
Möbelhaus: (M) mēbeļu veikals
mögen: patikt (1, patīku, patīc, patīk, patiku)
Mönch: (M) mūks
Möwe: (F) kaija
müde: noguris (nogurušais)
Münze: (F) monēta
Müsli: (M) muslis
Mütze: (F) adīta cepure

N

Nachbar: (M) kaimiņš
Nachmittag: (F) pēcpusdiena
Nachos: (M) načos čipsi
Nachrichten: (F) ziņas
Nachrichtenmoderator: (M) ziņu vadītājs
Nacht: (F) nakts
Nachtclub: (M) nakts klubs
Nachthemd: (M) naktskrekls
Nachtisch: (M) saldais ēdiens
Nachttisch: (M) naktsgaldiņš
Nachttischlampe: (F) naktslampiņa
Nacken: (M) pakausis
Nadel: (F) adata
Nagel: (F) nagla
Nagelfeile: (F) nagu vīle
Nagellack: (F) nagu laka
Nagellackentferner: (M) nagu lakas noņēmējs
Nagelschere: (F) nagu šķēres
Nagelzwicker: (F) nagu standziņas
nahe: tuvu
Naht: (F) šuve
Namibia: (F) Namībija
Narzisse: (F) narcise
Nase: (M) deguns
Nasenbein: (M) deguna kauls
Nasenbluten: (F) deguna asiņošana
Nasenloch: (F) nāss
Nasenspray: (M) deguna aerosols
Nashorn: (M) degunradzis
nass: slapjš (slapjais, slapjāks, visslapjākais)

Nassrasierer: (M) skuveklis
Nationalpark: (M) nacionālais parks
Natrium: (M) nātrijs
natürlich: protams
Nauru: (F) Nauru
Nebel: (F) migla
neben: blakus
Nebenwirkung: (M) blakusefekts
neblig: miglains (miglainais, miglaināks, vismiglainākais)
Neffe: (M) brāļadēls / māsasdēls
Negligé: (M) peņuārs
nehmen: ņemt (1, ņemu, ņem, ņem, ņēmu)
Nektar: (M) nektārs
Nenner: (M) saucējs
Neodym: (M) neodīms
Neon: (M) neons
Neoprenanzug: (M) hidrotērps
Nepal: (F) Nepāla
Neptun: (M) Neptūns
Neptunium: (M) neptūnijs
Nerv: (M) nervs
Netz: (M) tīkls
Netzwerk: (M) tīkls
neu: jauns (jaunais, jaunāks, visjaunākais)
Neujahr: (M) Jaunais gads
Neukaledonien: (F) Jaunkaledonija
Neurologie: (F) neiroloģija
Neuseeland: (F) Jaunzēlande
Neutron: (M) neitrons
Newsletter: (M) biļetens
Nicaragua: (F) Nikaragva
nicht: ne
Nichte: (F) brāļameita / māsasmeita
Nichtmetall: (M) nemetāls
Nickel: (M) niķelis
Niederlande: (F) Nīderlande
Niere: (F) niere
Niger: (F) Nigēra
Nigeria: (F) Nigērija
Nilpferd: (M) nīlzirgs
Niob: (M) niobijs
Niue: (F) Niue
Nobelium: (M) nobēlijs
Nonne: (F) mūķene
Norden: ziemeļi
Nordhalbkugel: (F) ziemeļu puslode
Nordische Kombination: (F) Ziemeļu divcīņa
Nordkorea: (F) Ziemeļkoreja
Nordpol: (M) Ziemeļpols
Norwegen: (F) Norvēģija
Notaufnahme: (F) neatliekamās medicīniskās palīdzības telpa
Notausgang: (F) avārijas izeja
Note: (M) nots
Notenschlüssel: (F) nošu atslēga
Notfall: (M) ārkārtas gadījums
Notiz: (F) piezīme
November: (M) novembris
Nudel: (F) nūdele

Nugat: (F) nuga
Nuss: (M) rieksts
Nylon: (M) neilons
nächsten Monat: nākammēnes
nächstes Jahr: nākamgad
nächste Woche: nākamnedēļ
Nähmaschine: (F) šujmašīna
nüchtern: skaidrā

O

Oberstufe: (F) vidusskola
Oboe: (F) oboja
Obsthändler: (M) augļu tirgotājs
obwohl: lai gan
oder: vai
Ofen: (F) cepeškrāsns
oft: bieži
ohnmächtig werden: ģībt (1, ģībstu, ģībsti, ģībst, ģību)
Ohr: (F) auss
Ohrring: (M) auskars
Ohrstöpsel: (M) ausu aizbāznis
ok: labi
Okra: (F) bāmija
Oktober: (M) oktobris
Oldtimer: (M) retro auto
Olive: (F) olīva
Olivenöl: (F) olīveļļa
Oman: (F) Omāna
Onkel: (M) tēvocis
Onkologie: (F) onkoloģija
Opal: (M) opāls
Oper: (F) opera
Operation: (F) operācija
Operationssaal: (F) operāciju zāle
Optiker: (M) optiķis
orange: oranžs
Orange: (M) apelsīns
Orangensaft: (F) apelsīnu sula
Orchester: (M) orķestris
Orden: (F) medaļa
Ordner: (F) mape
Ordnungszahl: (M) atomskaitlis
Oregano: (M) oregano
Orgel: (F) ērģeles
Origami: (M) origami
Orthopädie: (F) ortopēdija
Osmium: (M) osmijs
Osten: austrumi
Ostern: (F) Lieldienas
Osttimor: (F) Austrumtimora
Otter: (M) ūdrs
Ozean: (M) okeāns

P

Packung: (M) iepakojums
Paket: (F) paka
Pakistan: (F) Pakistāna
Palau: (F) Palau
Palette: (F) palete
Palladium: (M) pallādijs
Palme: (F) palma
Palästina: (F) Palestīna
Panama: (F) Panama
Panda: (F) panda
Pantoffel: (F) čības
Panzer: (M) tanks
Papa: (M) tētis
Papagei: (M) papagailis
Papaya: (F) papaija
Papierkorb: (F) atkritne
Paprika: (F) paprika
Paprikapulver: (M) paprikas pulveris
Papua-Neuguinea: (F) Papua-Jaungvineja
Paragraph: (M) paragrāfs
Paraguay: (F) Paragvaja
Parallelogramm: (M) paralelograms
Parfum: (F) smaržas
Park: (M) parks
Parkplatz: (F) autostāvvieta
Parkuhr: (M) autostāvvietas skaitītājs
Parmesan: (M) parmezāns
Pass auf: saudzē sevi
Passwort: (F) parole
Pathologie: (F) patoloģija
Patient: (M) pacients
Pauke: (M) timpāns
Pazifik: (M) Klusais okeāns
Pediküre: (M) pedikīrs
Peitsche: (F) pātaga
Pekingente: (F) Pekinas pīle
Pelikan: (M) pelikāns
Penis: (M) dzimumloceklis
Pension: (F) aiziešana pensijā
Periodensystem: (F) periodiskā tabula
Perlenkette: (F) pērļu kaklarota
Personalabteilung: (F) personāla nodaļa
Peru: (F) Peru
Perücke: (F) parūka
Petrischale: (M) Petri trauks
Pfanne: (F) panna
Pfannkuchen: (F) pankūka
Pfau: (M) pāvs
Pfeffer: (M) pipars
Pferd: (M) zirgs
Pferdeschwanz: (F) zirgaste
Pfirsich: (M) persiks
Pflaster: (M) plāksteris
Pflaume: (F) plūme
Pfund: (F) mārciņa
Philippinen: (F) Filipīnas

Philosophie: (F) filozofija
Phosphor: (M) fosfors
Physik: (F) fizika
Physiker: (M) fiziķis
Physiotherapeut: (M) fizioterapeits
Physiotherapie: (F) fizioterapija
Picknick: (M) pikniks
Pie: (M) pīrāgs
Pier: (M) mols
Pilates: pilates
Pilot: (M) pilots
Pilz: (F) sēne
Pinguin: (M) pingvīns
pink: rozā
Pinsel: (F) ota
Pinzette: (F) pincete
Pipette: (F) pipete
Pistazie: (F) pistācija
Pistole: (M) ierocis
Pizza: (F) pica
Planet: (F) planēta
Plastiktüte: (M) plastmasas maiss
Platin: (M) platīns
Plattenspieler: (M) skaņuplašu atskaņotājs
Platz: (M) laukums
Plombe: (F) zobu plombe
Pluto: (M) Plutons
Plutonium: (M) plutonijs
plötzlich: pēkšņi
Pokal: (M) kauss
Poker: (M) pokers
Pol: (M) pols
Polarlicht: (F) ziemeļblāzma
Polen: (F) Polija
Politiker: (M) politiķis
politische Bildung: (F) politika
Polizei: (F) policija
Polizeiauto: (F) policijas mašīna
Polizeiwache: (M) policijas iecirknis
Polizist: (M) policists
Polo: (M) polo
Polonium: (M) polonijs
Poloshirt: (M) polo krekls
Polyester: (M) poliesters
Pommes frites: (M) frī kartupeļi
Pop: (F) popmūzika
Popcorn: (M) popkorns
Portfolio: (M) portfolio
Porträt: (M) portrets
Portugal: (F) Portugāle
Posaune: (M) trombons
Postamt: (M) pasts
Posteingang: (F) iesūtne
Postkarte: (F) pastkarte
Postleitzahl: (M) pasta indekss
Praktikant: (M) praktikants
Praseodym: (M) prazeodīms
Priester: (M) mācītājs

Professor: (M) profesors
Programmierer: (M) programmētājs
Promenade: (F) promenāde
Promethium: (M) prometijs
Prost: priekā
Prostata: (F) prostata
Prostituierte: (F) prostitūta
Protactinium: (M) protaktīnijs
Proton: (M) protons
Provinz: (F) province
Prozessor: (M) centrālais procesors
Präsentation: (F) prezentācija
Prüfung: (M) eksāmens
Psychiatrie: (F) psihiatrija
Psychoanalyse: (F) psihoanalīze
Psychotherapie: (F) psihoterapija
Publikum: (M) skatītāji
Puck: (F) ripa
Pudding: (M) pudiņš
Puder: (M) sejas pūderis
Puderquaste: (F) pūderslotiņa
Puderzucker: (M) pūdercukurs
PuerRico: (F) Puertoriko
Pullover: (M) džemperis
Puls: (M) pulss
Pulver: (M) pulveris
Punk: (M) pankroks
Punkt: (M) punkts
Pupille: (F) zīlīte
Puppe: (F) lelle
Puppenhaus: (M) leļļu namiņš
Putenfleisch: (F) tītara gaļa
putzen: tīrīt (3, tīru, tīri, tīra, tīrīju)
Puzzle: (F) puzle
Pyjama: (F) pidžama
Pyramide: (F) piramīda

Q

Quadrat: (M) kvadrāts
Quadratmeter: (M) kvadrātmetrs
Qualle: (F) medūza
Quarz: (M) kvarcs
Quecksilber: (M) dzīvsudrabs
Querflöte: (F) flauta
Queue: (F) kija
Quickstep: (M) kviksteps

R

Rabbiner: (M) rabīns
Rabe: (M) krauklis
Radar: (M) radars
Radfahren: (F) riteņbraukšana
Radiergummi: (F) dzēšgumija
Radieschen: (M) redīss

Radio: (M) radio
Radiologie: (F) radioloģija
Radium: (M) rādijs
Radius: (M) rādiuss
Radon: (M) radons
Rafting: (M) raftings
Rakete: (F) raķete
Rallye: (M) rallijs
Ramadan: (M) Ramadāns
Ramen: ramen
Rap: (M) reps
Rapsöl: (F) rapšu eļļa
Rasenmäher: (M) zāles pļāvējs
Rasierklinge: (F) žilete
Rasierschaum: (F) skūšanās putas
Rassel: (M) grabulis
Rathaus: (M) rātsnams
Ratte: (F) žurka
rauchen: smēķēt (2, smēķēju, smēķē, smēķē, smēķēju)
Rauchmelder: (M) dūmu detektors
Raumanzug: (M) skafandrs
Raumfähre: (M) kosmosa kuģis
Raumstation: (F) kosmosa stacija
Raupe: (M) kāpurs
Raute: (M) rombs
Rechen: (M) grābeklis
rechnen: rēķināt (3, rēķinu, rēķini, rēķina, rēķināju)
Rechnung: (M) rēķins
Rechteck: (M) taisnstūris
rechter Winkel: (M) taisns leņķis
rechts: labais
Rechtsabteilung: (F) juridiskā nodaļa
Regal: (M) plaukts
Regen: (M) lietus
Regenbogen: (F) varavīksne
Regenmantel: (M) lietusmētelis
Regenschirm: (M) lietussargs
Regenwald: (M) lietus mežs
Reggae: (M) regejs
Region: (M) reģions
Regisseur: (M) režisors
regnerisch: lietains (lietainais, lietaināks, vislietainākais)
Reibe: (F) rīve
reich: bagāts (bagātais, bagātāks, visbagātākais)
Reifen: (F) riepa
Reihe: (F) rinda
Reinigungskraft: (M) apkopējs
Reis: (M) rīsi
Reisebürokaufmann: (M) ceļojumu aģents
Reiseführer: (M) tūristu ceļvedis , (M) ekskursiju gids
reisen: ceļot (2, ceļoju, ceļo, ceļo, ceļoju)
Reisepass: (F) pase
Reiskocher: (M) rīsu katls
Reißverschluss: (M) rāvējslēdzējs
Relativitätstheorie: (F) relativitātes teorija
Rennrad: (M) sacīkšu velosipēds
Rennrodeln: (F) kamaniņu braukšana
reparieren: labot (2, laboju, labo, labo, laboju)

Reporter: (M) reportieris
Republik Kongo: (F) Kongo Republika
Reservierung: (F) rezervācija
Restaurant: (M) restorāns
retten: glābt (1, glābju, glāb, glābj, glābu)
Rettung: (F) ātrā palīdzība
Rettungsboot: (F) glābšanas laiva
Rettungsring: (M) glābšanas rinķis
Rettungsschwimmer: (M) pludmales glābējs
Rhenium: (M) rēnijs
Rhodium: (M) rodijs
Rhythmische Gymnastik: (F) mākslas vingrošana
Richter: (M) tiesnesis
richtig: pareizs (pareizais, pareizāks, vispareizākais)
riechen: smaržot (2, smaržoju, smaržo, smaržo, smaržoju)
riesig: milzīgs (milzīgais, milzīgāks, vismilzīgākais)
Rindfleisch: (F) liellopa gaļa
Ring: (M) gredzens
Ringen: (F) cīņa
Ringfinger: (M) zeltnesis
Rippe: (F) riba
Roboter: (M) robots
Rock: (M) roks , (M) svārki
Rock 'n' Roll: (M) rokenrols
roh: jēls (jēlais, jēlāks, visjēlākais)
rollen: rullēt (2, rullēju, rullē, rullē, rullēju)
Rollstuhl: (M) ratiņkrēsls
Roman: (F) novele
Rose: (F) roze
Rosenkohl: (M) Briseles kāposti
Rosine: (F) rozīne
Rosmarin: (M) rozmarīns
rot: sarkans
Rotes Meer: (F) Sarkanā jūra
rothaarig: ruds
Rotwein: (M) sarkanvīns
Router: (M) rūteris
Ruanda: (F) Ruanda
Rubidium: (M) rubīdijs
Rubin: (M) rubīns
Rucksack: (F) mugursoma
Ruderboot: (F) airu laiva
Rudern: (F) airēšana
Rugby: (M) regbijs
Ruine: (F) drupas
Rum: (M) rums
Rumba: (F) rumba
Rummelplatz: (M) atrakciju parks
Rumänien: (F) Rumānija
rund: apaļš (apaļais, apaļāks, visapaļākais)
Russland: (F) Krievija
Ruthenium: (M) rutēnijs
Rutherfordium: (M) rezerfordijs
Rutsche: (M) slidkalniņš
Röntgenaufnahme: (M) rentgena uzņēmums
Röntgenium: (M) rentgenijs
Rücken: (F) mugura
Rückenmark: (F) muguras smadzenes

Rücklicht: (M) aizmugurējais lukturis
Rücksitz: (M) aizmugurējais sēdeklis
Rückspiegel: (M) atpakaļskata spogulis
Rührei: (M) olu kultenis

S

saftig: sulīgs (sulīgais, sulīgāks, vissulīgākais)
Sahara: (F) Sahāra
Sahne: (M) saldais krējums
Sake: (M) sakē
Salami: (M) salami
Salat: (M) lapu salāti , (M) salāti
Salomonen: (F) Zālamana salas
Salsa: (F) salsa
Salz: (M) sāls
salzig: sāļš (sāļais, sāļāks, vissāļākais)
Samarium: (M) samārijs
Samba: (F) samba
Sambia: (F) Zambija
Samen: (F) sēkla
Samoa: (F) Samoa
Samstag: (F) sestdiena
Sand: (F) smiltis
Sandalen: (F) sandales
Sandkiste: (F) smilšu kaste
Sandwich: (F) sviestmaize
San Marino: (M) Sanmarīno
Saphir: (M) safīrs
Sardine: (F) sardīne
Sarg: (M) zārks
Satellit: (M) satelīts
Satellitenschüssel: (M) satelīta šķīvis
satt: paēdis (paēdušais)
Sattel: (M) segli
Saturn: (M) Saturns
sauber: tīrs (tīrais, tīrāks, vistīrākais)
Saudi-Arabien: (F) Saūda Arābija
sauer: skābs (skābais, skābāks, visskābākais)
Sauerrahm: (M) skābais krējums
Sauerstoff: (M) skābeklis
Sauna: (M) pirts
Saxophon: (M) saksofons
Scandium: (M) skandijs
scannen: skenēt (2, skenēju, skenē, skenē, skenēju)
Scanner: (M) skeneris
Schach: (M) šahs
Schaf: (F) aita
Schaffner: (M) konduktors
Schafskäse: (F) feta
Schal: (F) šalle
Schale: (F) miza
Schaltknüppel: (M) ātrumpārslēgs
scharf: pikants (pikantais, pikantāks, vispikantākais)
Schaufel: (F) lāpsta
Schaufensterpuppe: (M) manekens
Schaukel: (F) šūpoles

Schaukelstuhl: (M) šūpuļkrēsls
Schauspieler: (M) aktieris
Scheck: (M) čeks
Scheibenwischer: (F) vējstikla slotiņas
Scheidung: (F) šķiršanās
scheitern: izgāzties (1, izgāžos, izgāzies, izgāžas, izgāzos)
Schere: (F) šķēres
Schiedsrichter: (M) tiesnesis
Schienbeinschoner: (M) apakšstilba aizsargs
schießen: šaut (1, šauju, šauj, šauj, šāvu)
Schießen: (F) šaušana
Schiff: (M) kuģis
Schildkröte: (M) sauszemes bruņurupucis
Schilf: (F) niedre
Schinken: (M) šķiņķis
schlafen: gulēt (3, guļu, guli, guļ, gulēju)
Schlafmaske: (F) miega maska
Schlafsaal: (F) kopmītnes istaba
Schlafsack: (M) guļammaiss
Schlaftablette: (F) miega zāles
Schlafzimmer: (F) guļamistaba
Schlaganfall: (M) insults
schlagen: sist (1, situ, sit, sit, situ)
Schlagsahne: (M) putukrējums
Schlagstock: (M) steks
Schlagzeug: (F) bungas
Schlange: (F) čūska
schlank: slaids (slaidais, slaidāks, visslaidākais)
Schlauch: (F) šļūtene
Schlauchboot: (F) gumijas laiva
schlecht: slikts (sliktais, sliktāks, vissliktākais)
schließen: aizvērt (1, aizveru, aizver, aizver, aizvēru)
Schlitten: (F) ragavas
Schlittschuhe: (F) slidas
Schloss: (F) pils
schlucken: rīt (1, riju, rij, rij, riju)
Schläfe: (M) deniņi
Schläger: (F) beisbola nūja
Schlüssel: (F) atslēga
Schlüsselanhänger: (M) atslēgu piekariņš
Schlüsselbein: (M) atslēgas kauls
Schlüsselloch: (M) atslēgas caurums
schmal: šaurs (šaurais, šaurāks, vissšaurākais)
Schmerzmittel: (M) pretsāpju līdzeklis
Schmetterling: (M) tauriņš
schmutzig: netīrs (netīrais, netīrāks, visnetīrākais)
Schmutzwäsche: (F) veļa
Schnecke: (M) gliemezis
Schnee: (M) sniegs
Schneemobil: (M) sniega motocikls
Schneidebrett: (M) virtuves dēlis
schneiden: griezt (1, griežu, griez, griež, griezu)
Schneider: (M) šuvējs
schnell: ātrs (ātrais, ātrāks, visātrākais)
Schnittlauch: (M) maurloki
Schnuller: (M) knupītis
Schnürsenkel: (F) šņore
Schokolade: (F) šokolāde

Schokoladencreme: (M) šokolādes krēms
schon: jau
Schornstein: (M) skurstenis
Schrank: (M) trauku skapis
Schraubenschlüssel: (F) uzgriežņu atslēga
Schraubenzieher: (M) skrūvgriezis
schreiben: rakstīt (3, rakstu, raksti, raksta, rakstīju)
Schreibtisch: (M) rakstāmgalds
schreien: kliegt (1, kliedzu, kliedz, kliedz, kliedzu)
Schriftzeichen: (M) simbols
schrumpfen: sarauties (1, saraujos, saraujies, saraujas, sarāvos)
Schubkarren: (F) ķerra
Schublade: (F) atvilktne
Schuhschrank: (M) apavu skapis
Schulbuch: (F) mācību grāmata
Schulbus: (M) skolas autobuss
schuldig: vainīgs (vainīgais, vainīgāks, visvainīgākais)
Schule: (F) skola
Schulhof: (M) skolas pagalms
Schulstunde: (F) stunda
Schultasche: (F) skolas soma
Schulter: (M) plecs
Schulterblatt: (F) lāpstiņa
Schuluniform: (F) skolas forma
Schuppen: (F) blaugznas
Schutzbrille: (F) drošības brilles
schwach: vājš (vājais, vājāks, visvājākais)
Schwager: (M) svainis
Schwamm: (F) švamme
Schwan: (M) gulbis
Schwangerschaftstest: (M) grūtniecības tests
schwarz: melns
schwarzer Tee: (F) melnā tēja
schwarzes Loch: (M) melnais caurums
Schwarzes Meer: (F) Melnā jūra
Schwebebahn: (M) viensliedes dzelzceļš
Schweden: (F) Zviedrija
Schwefel: (M) sērs
Schwein: (F) cūka
Schweinefleisch: (F) cūkgaļa
Schweinsbraten: (F) krāsnī cepta cūkgaļa
Schweiz: (F) Šveice
Schweißband: (F) matu lente
schwer: smags (smagais, smagāks, vissmagākais), sarežģīts (sarežģītais, sarežģītāks, vissarežģītākais)
Schwerkraft: (F) gravitācija
Schwertlilie: (M) īriss
Schwiegereltern: (M) vīra vecāki / sievas vecāki
Schwiegermutter: (F) vīramāte / sievasmāte
Schwiegersohn: (M) znots
Schwiegertochter: (F) vedekla
Schwiegervater: (M) vīratēvs / sievastēvs
Schwimmbecken: (M) peldbaseins
Schwimmbrille: (F) peldbrilles
Schwimmen: (F) peldēšana
schwimmen: peldēt (3, peldu, peldi, peld, peldēju)
Schwimmhalle: (M) peldbaseins
Schwimmweste: (F) glābšanas veste

Schwägerin: (F) svaine
Schädel: (M) galvaskauss
schön: skaists (skaistais, skaistāks, visskaistākais)
Schöpflöffel: (M) smeļamais kauss
schüchtern: kautrīgs (kautrīgais, kautrīgāks, viskautrīgākais)
Schüssel: (F) bļoda
Science-Fiction: (F) zinātniskā fantastika
Scrollbar: (F) ritjosla
Seaborgium: (M) sībordžijs
Sechseck: (M) sešstūris
Second-Hand Shop: (M) lietotu apģērbu veikals
See: (M) ezers
Seegras: (F) jūras zāle
Seehund: (M) ronis
Seelöwe: (F) jūras lauva
Seepferdchen: (M) jūraszirdziņš
Seestern: (F) jūras zvaigzne
Segel: (F) bura
Segelboot: (F) buru laiva
Segelflugzeug: (M) planieris
Segeln: (F) burāšana
sehen: skatīties (3, skatos, skaties, skatās, skatījos)
Sehne: (F) cīpsla
sehr: ļoti
seicht: sekls (seklais, seklāks, visseklākais)
Seide: (M) zīds
Seife: (F) ziepes
Seilbahn: (M) trošu vagoniņš
sein Auto: viņa automašīna
Seitenspiegel: (M) sānu spogulis
Seitentür: (F) sāna durvis
Sekretärin: (F) sekretāre
Sekt: (M) dzirkstošais vīns
Sekunde: (F) sekunde
Selen: (M) selēns
Sellerie: (F) selerija
Semester: (M) semestris
Senegal: (F) Senegāla
Senf: (F) sinepes
September: (M) septembris
Serbien: (F) Serbija
Server: (M) serveris
Sessel: (M) krēsls
Sex: (M) sekss
sexy: seksīgs (seksīgais, seksīgāks, visseksīgākais)
Seychellen: (F) Seišelas
Shampoo: (M) šampūns
Shorttrack: (M) šorttreks
sicher: drošs (drošais, drošāks, visdrošākais)
Sicherheitsgurt: (F) drošības josta
sich treffen: satikt (1, satieku, satiec, satiek, satiku)
sich übergeben: vemt (1, vemju, vem, vemj, vēmu)
sie: viņa , viņi / viņas
sieden: vārīt (3, vāru, vāri, vāra, vārīju)
Sierra Leone: (F) Sjerraleone
Silber: (M) sudrabs
Silbermedaille: (F) sudraba medaļa
Silizium: (M) silīcijs

Simbabwe: (F) Zimbabve
Singapur: (F) Singapūra
singen: dziedāt (3, dziedu, dziedi, dzied, dziedāju)
Sirene: (F) sirēna
Sit-ups: (F) presītes
Sitz: (M) sēdeklis
sitzen: sēdēt (3, sēžu, sēdi, sēž, sēdēju)
Skalpell: (M) skalpelis
Skateboarding: (M) skeitbordings
Skeleton: (M) skeletons
Skelett: (M) skelets
Ski: (F) slēpe
Skianzug: (M) slēpošanas kostīms
Skifahren: (F) slēpošana
Skigebiet: (M) slēpošanas kūrorts
Skilanglauf: (F) distanču slēpošana
Skispringen: (F) tramplīnlēkšana
Skistock: (F) slēpošanas nūja
Skorpion: (M) skorpions
Slip: (F) biksītes
Slipeinlage: (M) biksīšu ieliktnis
Slowakei: (F) Slovākija
Slowenien: (F) Slovēnija
Smartphone: (M) viedtālrunis
Smoothie: (M) smūtijs
SMS: (F) īsziņa
Snack: (F) uzkoda
Snooker: (M) snūkers
Snookertisch: (M) snūkera galds
Snowboarden: (M) snovbords
Socke: (F) zeķe
Soda: (M) gāzēts ūdens
Sofa: (M) dīvāns
sofort: nekavējoties
Sofortbildkamera: (F) momentfoto kamera
Sohle: (F) zole
Sohn: (M) dēls
Soja: (F) soja
Sojamilch: (M) sojas piens
Solaranlage: (M) saules panelis
Soldat: (M) karavīrs
Somalia: (F) Somālija
Sommer: (F) vasara
Sommersprossen: (M) vasaras raibumi
Sonderangebot: (M) izdevīgs pirkums
Sonne: (F) saule
Sonnenblume: (F) saulespuķe
Sonnenblumenöl: (F) saulespuķu eļļa
Sonnenbrand: (M) saules apdegums
Sonnenbrille: (F) saulesbrilles
Sonnencreme: (M) sauļošanās krēms
Sonnenfinsternis: (M) saules aptumsums
Sonnenhut: (F) saules cepure
Sonnenschein: (F) saule
Sonnenschirm: (M) saulessargs
sonnig: saulains (saulainais, saulaināks, vissaulainākais)
Sonntag: (F) svētdiena
sonstiges: citi

Souvenir: (M) suvenīrs
soziale Medien: (M) sociālie mediji
Spachtel: (F) špakteļlāpsta
Spaghetti: (M) spageti
Spanien: (F) Spānija
Spanisch: (F) spāņu valoda
Speck: (M) bekons
Speerwerfen: (F) šķēpa mešana
Speisekarte: (F) ēdienkarte
Speiseröhre: (M) barības vads
Sperma: (F) sperma
Spiegel: (M) spogulis
spielen: spēlēt (2, spēlēju, spēlē, spēlē, spēlēju)
Spielplatz: (M) rotaļu laukums
Spielzeugladen: (M) rotaļlietu veikals
Spieß: (M) iesms
Spinat: (M) spināti
Spinne: (M) zirneklis
Spitzer: (M) zīmuļu asināmais
Sport-BH: (M) sporta krūšturis
Sportgeschäft: (M) sporta preču veikals
Sportplatz: (M) sporta laukums
Sportunterricht: (M) sports
Sprachnachricht: (F) balss ziņa
Spray: (M) aerosols
sprechen: runāt (2, runāju, runā, runā, runāju)
Springbrunnen: (F) strūklaka
springen: lēkt (1, lecu, lec, lec, lēcu)
Springreiten: (M) konkūrs
Sprinten: (M) sprints
Spritze: (F) šļirce
spucken: spļaut (1, spļauju, spļauj, spļauj, spļāvu)
Spüle: (F) izlietne
Sri Lanka: (F) Šrilanka
St. Kitts und Nevis: (F) Sentkitsa un Nevisa
St. Lucia: (F) Sentlūsija
St. Vincent und die Grenadinen: (F) Sentvinsenta un Grenadīnas
Staat: (M) štats
Staatsanwalt: (M) prokurors
Staatspräsident: (M) prezidents
Stabhochsprung: (F) kārtslēkšana
Stahl: (M) tērauds
Stahlträger: (F) tērauda sija
Standardtänze: (F) balles dejas
stark: stiprs (stiprais, stiprāks, visstiprākais)
starren: skatīties (3, skatos, skaties, skatās, skatījos)
Stau: (M) sastrēgums
staubsaugen: sūkt putekļus (1, sūcu putekļus, sūc putekļus, sūc putekļus, sūcu putekļus)
Staubsauger: (M) putekļu sūcējs
Steak: (M) steiks
Stechmücke: (M) ods
Steckdose: (F) kontaktligzda
Stecker: (F) kontaktdakša
stehen: stāvēt (3, stāvu, stāvi, stāv, stāvēju)
stehlen: zagt (1, zogu, zodz, zog, zagu)
steil: stāvs (stāvais, stāvāks, visstāvākais)
Stempel: (M) zīmogs
sterben: mirt (1, mirstu, mirsti, mirst, miru)

Stern: (F) zvaigzne
Stethoskop: (M) stetoskops
Steuer: (M) nodoklis
Stewardess: (F) stjuarte
Stickstoff: (M) slāpeklis
Stiefmutter: (F) pamāte
Stiefsohn: (M) padēls
Stieftochter: (F) pameita
Stiefvater: (M) patēvs
Stier: (M) bullis
Stift: (F) pildspalva
still: kluss (klusais, klusāks, visklusākais)
Stipendium: (F) stipendija
Stirn: (F) piere
Stockbett: (F) divstāvīga gulta
Stoff: (M) audums
stolz: lepns (lepnais, lepnāks, vislepnākais)
Stoppuhr: (M) hronometrs
Storch: (M) stārķis
Stoßdämpfer: (M) amortizators
Stoßstange: (M) bamperis
Stoßzeit: (F) sastrēguma stunda
Strafe: (F) soda nauda
Strand: (F) pludmale
Strauch: (M) krūms
Strauß: (M) strauss
Straße: (M) ceļš
Straßenbahn: (M) tramvajs
Straßenlaterne: (M) ielu apgaismojums
Streetfood: (M) ielu ēdiens
streiten: strīdēties (3, strīdos, strīdies, strīdas, strīdējos)
streng: stingrs (stingrais, stingrāks, visstingrākais)
Stress: (M) stress
Strichpunkt: (M) semikols
Strickweste: (M) kardigans
String: (M) stringi
Strom: (F) elektrība
Stromleitung: (F) elektrības līnija
Strontium: (M) stroncijs
Strukturformel: (F) ķīmiskā struktūra
Strumpf: (F) garā zeķe
Strumpfhose: (F) zeķubikses
stumm: mēms (mēmais, mēmāks, vismēmākais)
Stunde: (F) stunda
Sturm: (F) vētra
Stängel: (M) stumbrs
Stöckelschuhe: (F) augstpapēžu kurpes
Subtraktion: (F) atņemšana
suchen: meklēt (2, meklēju, meklē, meklē, meklēju)
Sudan: (F) Sudāna
Sudoku: (M) sudoku
Supermarkt: (M) lielveikals
Suppe: (F) zupa
Surfbrett: (M) sērfošanas dēlis
Surfen: (M) sērfings
Suriname: (F) Surinama
Sushi: (M) suši
Swasiland: (F) Svazilenda

Swimmingpool: (M) baseins
Symphonie: (F) simfonija
Synagoge: (F) sinagoga
Synchronschwimmen: (F) sinhronā peldēšana
Syrien: (F) Sīrija
São Tomé und Príncipe: (F) Santome un Prinsipi
Säge: (M) zāģis
sägen: zāģēt (2, zāģēju, zāģē, zāģē, zāģēju)
Sänger: (M) dziedātājs
Säugling: (M) zīdainis
Südafrika: (F) Dienvidāfrika
Süden: dienvidi
Südhalbkugel: (F) dienvidu puslode
Südkorea: (F) Dienvidkoreja
Südpol: (M) Dienvidpols
Südsudan: (F) Dienvidsudāna
süß: salds (saldais, saldāks, vissaldākais), piemīlīgs (piemīlīgais, piemīlīgāks, vispiemīlīgākais)
Süßkartoffel: (M) saldais kartupelis

T

T-Shirt: (M) T krekls
Tabak: (F) tabaka
Tablette: (F) tablete
Tadschikistan: (F) Tadžikistāna
Taekwondo: (M) tekvondo
Tafel: (F) tāfele
Tag: (F) diena
Tagebuch: (F) dienasgrāmata
Taifun: (M) taifūns
Taille: (M) viduklis
Taiwan: (F) Taivāna
Tal: (F) ieleja
Tamburin: (M) tamburīns
Tampon: (M) tampons
Tandem: (M) tandēms
Tangente: (M) tangenss
Tango: (M) tango
Tankstelle: (F) degvielas uzpildes stacija
Tansania: (F) Tanzānija
Tantal: (M) tantals
Tante: (F) tante
Tanzen: (F) dejas
Tanzschuhe: (F) deju kurpes
Tapir: (M) tapīrs
Tarantel: (M) putnu zirneklis
Tasche: (M) maiss
Taschenlampe: (M) lukturītis
Taschentuch: (F) papīra salvete
Tasse: (F) tase
Tastatur: (F) tastatūra
Tattoo: (M) tetovējums
taub: kurls (kurlais, kurlāks, viskurlākais)
Taube: (M) balodis
Tauchen: (F) niršana
Tauchermaske: (F) niršanas maska
Taxi: (M) taksometrs

Taxifahrer: (M) taksometra vadītājs
Technetium: (M) tehnēcijs
Tee: (F) tēja
Teekanne: (F) tējkanna
Teer: (F) darva
Teich: (M) dīķis
Teigtasche: (M) pelmenis
teilen: dalīties (3, dalos, dalies, dalās, dalījos)
Telefon: (M) telefons
telefonieren: zvanīt (3, zvanu, zvani, zvana, zvanīju)
Telefonnummer: (M) telefona numurs
Teleskop: (M) teleskops
Teller: (M) šķīvis
Tellur: (M) telūrs
Tempel: (M) templis
Temperatur: (F) temperatūra
Tennis: (M) teniss
Tennisball: (F) tenisa bumba
Tennisplatz: (M) tenisa korts
Tennisschläger: (F) tenisa rakete
Teppich: (M) paklājs
Teppichmesser: (M) papīra naži
Tequila: (F) tekila
Terbium: (M) terbijs
Termin: (M) pieraksts
Termite: (M) termīts
Terrasse: (F) terase
Testament: (M) testaments
Tetris: (M) tetris
teuer: dārgs (dārgais, dārgāks, visdārgākais)
Text: (M) teksts
Thailand: (F) Taizeme
Thallium: (M) tallijs
Theater: (M) teātris
Theaterstück: (F) luga
Thermoskanne: (F) termosa kanna
Thorium: (M) torijs
Thulium: (M) tūlijs
Thunfisch: (M) tuncis
Thymian: (M) timiāns
tief: zems (zemais, zemāks, viszemākais), dziļš (dziļais, dziļāks, visdziļākais)
Tierarzt: (M) veterinārs
Tierhandlung: (M) zoo veikals
Tiger: (M) tīģeris
Tinte: (F) tinte
Tintenfisch: (M) kalmārs
Tisch: (M) galds
Tischler: (M) galdnieks
Tischtennis: (M) galda teniss
Tischtennistisch: (M) galda tenisa galds
Tischtuch: (M) galdauts
Titan: (M) titāns
Toaster: (M) tosteris
Tochter: (F) meita
Tod: (F) nāve
Tofu: (M) tofu
Togo: (M) Togo
Toilettenbürste: (F) poda birste

Tomate: (M) tomāts
Ton: (M) māls
Tonga: (F) Tonga
Tonne: (F) tonna
Tor: (M) vārti
Tornado: (M) virpuļviesulis
Touristenattraktion: (M) tūrisma objekts
Touristeninformation: (F) tūrisma informācija
Tower: (M) vadības tornis
tragen: nest (1, nesu, nes, nes, nesu)
Trainer: (M) treneris
Trainingsanzug: (M) treniņtērps
Trainingshose: (F) treniņbikses
Traktor: (M) traktors
Trampolin: (M) batuts
Trapez: (F) trapece
traurig: bēdīgs (bēdīgais, bēdīgāks, visbēdīgākais)
Treppe: (F) kāpnes
Tresor: (M) seifs
Triangel: (M) trīsstūris
Triathlon: (M) triatlons
Trichter: (F) piltuve
Triebwerk: (M) lidmašīnas dzinējs
Trikot: (M) sporta krekls
Trinidad und Tobago: (F) Trinidāda un Tobāgo
trinken: dzert (1, dzeru, dzer, dzer, dzēru)
Trinkgeld: (F) dzeramnauda
Tripod: (M) statīvs
trocken: sauss (sausais, sausāks, vissausākais)
trocknen: žāvēt (2, žāvēju, žāvē, žāvē, žāvēju)
Trompete: (F) trompete
Tropen: (F) tropu josla
Truthahn: (M) tītars
träumen: sapņot (2, sapņoju, sapņo, sapņo, sapņoju)
Trüffel: (F) trifele
Tschad: (F) Čada
Tschechien: (F) Čehija
Tschüss: atā
Tuba: (F) tuba
Tulpe: (F) tulpe
Tunesien: (F) Tunisija
Turkmenistan: (F) Turkmenistāna
Turnen: (F) vingrošana
Turnschuhe: (M) sporta apavi
Tuvalu: (F) Tuvalu
Tänzer: (M) dejotājs
Töpferei: (F) podniecība
töten: nogalināt (3, nogalinu, nogalini, nogalina, nogalināju)
Tür: (F) durvis
Türkei: (F) Turcija
Türklinke: (M) durvju rokturis

U

U-Bahn: (M) metro
U-Boot: (F) zemūdene
Ufer: (M) krasts

Uganda: (F) Uganda
Uhr: (M) pulkstenis
Ukraine: (F) Ukraina
Ukulele: (F) ukulele
Ultraschallgerät: (F) ultraskaņas iekārta
Umkleidekabine: (F) pārģērbšanās kabīne
und: un
unfair: negodīgs (negodīgais, negodīgāks, visnegodīgākais)
Unfall: (M) nelaimes gadījums
Ungarn: (F) Ungārija
Uniform: (F) uniforma
Universität: (F) universitāte
Unkraut: (F) nezāle
unser Haus: mūsu mājas
unter: zem
Unterführung: (M) tunelis
Unterhemd: (M) apakškrekls
Unterhose: (F) apakšbikses
Unternehmer: (M) uzņēmējs
Unterschrift: (M) paraksts
Unterstrich: (M) pasvītrojums
Unze: (F) unce
Uran: (M) urāns
Uranus: (M) Urāns
URL: (M) url
Urne: (F) urna
Urologie: (F) uroloģija
Uruguay: (F) Urugvaja
Usbekistan: (F) Uzbekistāna
USB Stick: (F) USB zibatmiņa

V

Vagina: (F) maksts
Vanadium: (M) vanādijs
Vanille: (F) vaniļa
Vanillesauce: (M) olu krēms
Vanillezucker: (M) vaniļas cukurs
Vanuatu: (F) Vanuatu
Vase: (F) vāze
Vater: (M) tēvs
Vatikan: (M) Vatikāns
Vektor: (M) vektors
Vene: (F) vēna
Venezuela: (F) Venecuēla
Ventilator: (M) ventilators
Venus: (F) Venēra
Verbrecher: (M) noziedznieks
Verbrennung: (M) apdegums
verdienen: pelnīt (3, pelnu, pelni, pelna, pelnīju)
Verdächtige: (M) aizdomās turamais
Vereinigte Arabische Emirate: (M) Apvienotie Arābu Emirāti
Vereinigte Staaten von Amerika: (F) Amerikas Savienotās Valstis
Vergiftung: (F) saindēšanās
Verhaltenstherapie: (F) uzvedības terapija
Verkauf: (F) pārdošana
verkaufen: pārdot (IRR, pārdodu, pārdod, pārdod, pārdevu)

Verkäufer: (M) pārdevējs
Verlag: (M) izdevējs
verletzen: ievainot (2, ievainoju, ievaino, ievaino, ievainoju)
Verletzung: (M) ievainojums
verlieren: zaudēt (2, zaudēju, zaudē, zaudē, zaudēju)
Verlobte: (F) līgava , (M) līgavainis
Verlobung: (F) saderināšanās
Verlobungsring: (M) saderināšanās gredzens
Verlust: (M) zaudējumi
Vermieter: (M) saimnieks
verrückt: traks (trakais, trakāks, vistrakākais)
Versicherung: (F) apdrošināšana
verstecken: slēpt (1, slēpju, slēp, slēpj, slēpu)
verteidigen: aizsargāt (2, aizsargāju, aizsargā, aizsargā, aizsargāju)
viele: daudz
Viertelstunde: piecpadsmit minūtes
Vietnam: (F) Vjetnama
Viola: (M) alts
Virus: (M) vīruss
Visitenkarte: (F) vizītkarte
Visum: (F) vīza
Vitamin: (M) vitamīns
Volksmusik: (F) folkmūzika
voll: pilns (pilnais, pilnāks, vispilnākais)
Volleyball: (M) volejbols
Volt: (M) volts
Volumen: (M) tilpums
Vorderlicht: (M) priekšējais lukturis
Vordersitz: (M) priekšējais sēdeklis
vorgestern: aizvakar
Vorhang: (M) aizkari
Vorlesung: (F) lekcija
Vormittag: (M) rīts
vorne: priekša
Vorort: (F) priekšpilsēta
Vorspeise: (M) pirmais ēdiens
Vorstandsvorsitzende: (M) priekšsēdētājs
Vortragende: (M) lektors
Vorwort: (M) priekšvārds
Vulkan: (M) vulkāns

W

Waage: (M) svari
Wachmann: (M) apsargs
wachsen: augt (1, augu, audz, aug, augu)
Waffel: (F) vafele
Wagenheber: (M) domkrats
Waisenkind: (M) bārenis
Wal: (M) valis
Wald: (M) mežs
Waldhorn: (M) mežrags
Walnuss: (M) valrieksts
Walross: (M) valzirgs
Walze: (M) ceļa rullis
Wand: (F) siena
Wandern: (M) pārgājiens

Wanderschuhe: (M) pārgājienu zābaki
Wange: (M) vaigs
wann: kad
warm: silts (siltais, siltāks, vissiltākais)
warnen: brīdināt (3, brīdinu, brīdini, brīdina, brīdināju)
Warnlicht: (F) brīdinājuma gaisma
warten: gaidīt (3, gaidu, gaidi, gaida, gaidīju)
Wartezimmer: (F) uzgaidāmā telpa
warum: kāpēc
was: kas
Waschanlage: (F) automazgātuve
Waschbecken: (F) izlietne
Waschbär: (M) jenots
waschen: mazgāt (2, mazgāju, mazgā, mazgā, mazgāju)
Waschmaschine: (F) veļas mašīna
Waschpulver: (M) veļas pulveris
Wasser: (M) ūdens
Wasserball: (M) ūdenspolo
Wasserfall: (M) ūdenskritums
Wasserflasche: (F) ūdens pudele
Wasserhahn: (M) krāns
Wasserkocher: (F) tējkanna
Wasserkraftwerk: (F) hidroelektrostacija
Wassermelone: (M) arbūzs
Wasserpark: (M) akvaparks
Wasserrutsche: (M) ūdens slidkalniņš
Wasserski: (F) ūdensslēpošana
Wasserspringen: (F) daiļlēkšana
Wasserstoff: (M) ūdeņradis
Wasserwaage: (M) līmeņrādis
Watt: (M) vats
WC: (F) tualete
Webcam: (F) tīmekļa kamera
Webseite: (F) tīmekļa vietne
Wecker: (M) modinātājs
weich: mīksts (mīkstais, mīkstāks, vismīkstākais)
Weide: (M) vītols
Weihnachten: (M) Ziemassvētki
weil: jo
Wein: (M) vīns
weinen: raudāt (3, raudu, raudi, raud, raudāju)
Weintraube: (F) vīnoga
Weitsprung: (F) tāllēkšana
Weizen: (M) kvieši
weiß: balts
Weißrussland: (F) Baltkrievija
Weißwein: (M) baltvīns
welches: kurš
Weltrekord: (M) pasaules rekords
wenige: maz
weniger: mazāk
wenn: ja
wer: kas
Werbung: (F) reklāma
werfen: mest (1, metu, met, met, metu)
Wespe: (F) lapsene
Westen: rietumi
Western: (M) vesterns

wetten: derēt (3, deru, deri, der, derēju)
Whiskey: (M) viskijs
wie: kā
wieder: atkal
Wie geht es dir?: Kā iet?
Wie heißt du?: Kā tevi sauc?
Wiener Walzer: (M) Vīnes valsis
wie viel?: cik daudz?
wie viele?: cik daudz?
Wie viel kostet das?: Cik tas maksā?
Wild: (M) briedis , (M) medījums
Willkommen: laipni lūdzam
Wimpern: (F) skropstas
Wind: (M) vējš
Windel: (M) autiņš
windig: vējains (vējainais, vējainākss, visvējainākais)
Windpark: (M) vēja parks
Windpocken: (F) vējbakas
Windschutzscheibe: (M) vējstikls
Windsurfen: (M) vindsērfings
Winkel: (M) leņķis
Winter: (F) ziema
wir: mēs
Wirbel: (M) skriemelis
Wirbelsturm: (F) viesuļvētra
Wirbelsäule: (M) mugurkauls
Wirbeltrommel: (F) mazās bungas
wirklich: tiešām
Wirtschaftskunde: (F) ekonomika
wissen: zināt (3, zinu, zini, zina, zināju)
Wissenschaft: (F) zinātne
Wissenschaftler: (M) zinātnieks
Witwe: (F) atraitne
Witwer: (M) atraitnis
Witz: (M) joks
wo: kur
Woche: (F) nedēļa
Wodka: (M) degvīns
Wohnung: (M) dzīvoklis
Wohnwagen: (F) karavāna
Wohnzimmer: (F) dzīvojamā istaba
Wo ist das WC?: Kur ir tualete?
Wolf: (M) vilks
Wolfram: (M) volframs
Wolke: (M) mākonis
Wolle: (F) vilna
Wunde: (F) brūce
Wurst: (F) desa
Wurzel: (F) sakne
wählen: balsot (2, balsoju, balso, balso, balsoju), izvēlēties (3, izvēlos, izvēlies, izvēlas, izvēlējos)
Wärmflasche: (M) termofors
Wäscheklammer: (M) knaģis
Wäschekorb: (M) veļas grozs
Wörterbuch: (F) vārdnīca
Würfel: (M) kubs
Wüste: (M) tuksnesis
wütend: dusmīgs (dusmīgais, dusmīgāks, visdusmīgākais)

X

Xenon: (M) ksenons
Xylophon: (M) ksilofons

Y

Yard: (M) jards
Yen: (F) jena
Yoga: (F) joga
Ytterbium: (M) iterbijs
Yttrium: (M) itrijs
Yuan: (F) juaņa

Z

Zahn: (M) zobs
Zahnarzt: (M) zobārsts
Zahnbürste: (F) zobu birste
Zahnersatz: (F) zobu protēzes
Zahnpasta: (F) zobu pasta
Zahnspange: (F) zobu breketes
Zahnweh: (F) zobu sāpes
Zange: (F) knaibles
Zaun: (M) žogs
Zebra: (F) zebra
Zebrastreifen: (F) gājēju pāreja
Zehe: (M) kājas pirksts
Zeichentrickfilm: (F) animācijas filma
Zeichnung: (M) zīmējums
Zeigefinger: (M) rādītājpirksts
Zeitung: (F) avīze
Zelt: (F) telts
Zement: (M) cements
Zentimeter: (M) centimetrs
Zentralafrikanische Republik: (F) Centrālāfrikas Republika
zentrales Geschäftsgebiet: (M) centrālais biznesa rajons
Zer: (M) cērijs
Zeuge: (M) liecinieks
Ziege: (F) kaza
Ziegel: (M) ķieģelis
ziehen: vilkt (1, velku, velc, velk, vilku)
Zigarette: (F) cigarete
Zigarre: (M) cigārs
Zimmerdecke: (M) griesti
Zimmernummer: (M) istabas numurs
Zimmerpflanze: (M) telpaugs
Zimmerschlüssel: (F) istabas atslēga
Zimmerservice: (F) apkalpošana numurā
Zimt: (M) kanēlis
Zink: (M) cinks
Zinn: (F) alva
Zins: (M) procenti
Zirconium: (M) cirkonijs
Zirkeltraining: (M) apļa treniņš

zitieren: citēt (2, citēju, citē, citē, citēju)
Zitrone: (M) citrons
Zitronengras: (F) citronzāle
zittern: trīcēt (3, trīcu, trīci, trīc, trīcēju)
zocken: spēlēt azartspēles (2, spēlēju azartspēles, spēlē azartspēles, spēlē azartspēles, spēlēju azartspēles)
Zoll: (F) muita , (F) colla
Zoo: (M) zoo dārzs
Zucchini: (M) kabacis
Zucker: (M) cukurs
Zuckermelone: (F) melone
Zuckerrohr: (F) cukurniedre
Zuckerrübe: (F) cukurbiete
Zuckerwatte: (F) cukurvate
Zug: (M) vilciens
zuhören: klausīties (3, klausos, klausies, klausās, klausījos)
zunehmen: pieņemties svarā (1, pieņemos svarā, pieņemies svarā, pieņemas svarā, pieņēmos svarā)
Zunge: (F) mēle
zusammen: kopā
zweites Untergeschoss: (M) otrais pagrabstāvs
zwei Uhr nachmittags: divi pēcpusdienā
Zwerchfell: (F) diafragma
Zwiebel: (M) sīpols
Zwiebelring: (M) sīpolu gredzens
Zwillinge: (M) dvīņi
Zwölffingerdarm: (F) divpadsmitpirkstu zarna
Zylinder: (M) cilindrs
Zypern: (F) Kipra
zählen: skaitīt (3, skaitu, skaiti, skaita, skaitīju)
Zähler: (M) skaitītājs
Zäsium: (M) cēzijs
Zündholz: (M) sērkociņš

@

Ägypten: (F) Ēģipte
Äquator: (M) ekvators
Äquatorialguinea: (F) Ekvatoriālā Gvineja
Ärmel: (F) piedurkne
Äthiopien: (F) Etiopija
Öl: (F) eļļa
Ölfarbe: (F) eļļas krāsa
Ölkreide: (M) eļļas pastelis
Österreich: (F) Austrija
Übelkeit: (M) nelabums
Überführung: (M) ceļa pārvads
Überschrift: (M) virsraksts
Überwachungskamera: (F) drošības kamera
Überweisung: (M) bankas pārskaitījums
öffnen: atvērt (1, atveru, atver, atver, atvēru)
üben: vingrināties (3, vingrinos, vingrinies, vingrinās, vingrinājos)
über: virs
übermorgen: parīt
überrascht: pārsteigts (pārsteigtais, pārsteigtāks, vispārsteigtākais)

Lettisch - Deutsch

A

acs: Auge
acu zīmulis: Lidstrich
acu ēnas: Lidschatten
adata: Nadel
administrators: Empfangsmitarbeiter
adrese: Adresse
advokāts: Anwalt
adīta cepure: Mütze
aerobika: Aerobic
aerosols: Spray
Afganistāna: Afghanistan
Ahileja cīpsla: Achillessehne
airu laiva: Ruderboot
airēšana: Rudern
aita: Schaf
aizdevums: Kredit
aizdomās turamais: Verdächtige
aiziešana pensijā: Pension
aizkari: Vorhang
aizkuņģa dziedzeris: Bauchspeicheldrüse
aizmugurējais bagažnieks: Kofferraum
aizmugurējais lukturis: Rücklicht
aizmugurējais sēdeklis: Rücksitz
aizsargāt: verteidigen
aizslēgt: abschließen
aizsprosts: Damm
aizvakar: vorgestern
aizvērt: schließen
aizņemts: beschäftigt
akcija: Aktie
akciju cena: Aktienkurs
akls: blind
akmens: Fels
aknas: Leber
akordeons: Akkordeon
aktieris: Schauspieler
aktieru grupa: Ensemble
aktīnijs: Aktinium
akumulators: Batterie
akupunktūra: Akupunktur
akvaparks: Wasserpark
akvārijs: Aquarium
akācija: Akazie
ala: Höhle
Albānija: Albanien
aleja: Gasse
alerģija: Allergie
alfabēts: Alphabet
alga: Gehalt
alpīnisms: Bergsteigen
alts: Viola
alumīnijs: Aluminium

alus: Bier
alva: Zinn
Alžīrija: Algerien
Amazone: Amazonas
ambulatori: Ambulanz
Amerikas Savienotās Valstis: Vereinigte Staaten von Amerika
amerikāņu futbola bumba: American Football
amerikāņu futbols: American Football
amerikāņu kalniņi: Achterbahn
amerīcijs: Americium
amortizators: Stoßdämpfer
ampērs: Ampere
ananass: Ananas
Andi: Anden
Andora: Andorra
Angola: Angola
angļu valoda: Englisch
animācijas filma: Zeichentrickfilm
antibiotikas: Antibiotikum
antifrīzs: Frostschutzmittel
Antigva un Barbuda: Antigua und Barbuda
antimons: Antimon
antiseptisks līdzeklis: Antiseptikum
apakšbikses: Unterhose
apakškrekls: Unterhemd
apakšstilba aizsargs: Schienbeinschoner
apakšveļa: Dessous
apavu skapis: Schuhschrank
apaļīgs: dick
apaļš: rund
apdegums: Verbrennung
apdrošināšana: Versicherung
apelsīns: Orange
apelsīnu sula: Orangensaft
apendikss: Blinddarm
apgabals: Bezirk
apkaklīte: Kragen
apkalpošana numurā: Zimmerservice
apkopējs: Reinigungskraft
apkure: Heizung
aplis: Kreis
aploksne: Briefumschlag
apmeklētājs: Besucher
apmeklētāju stundas: Besuchszeit
apostrofs: Apostroph
aprikoze: Aprikose
aprīlis: April
apsargs: Wachmann
apsējs: Bandage
apsūdzētais: Angeklagte
aptieka: Apotheke
Apvienotie Arābu Emirāti: Vereinigte Arabische Emirate
Apvienotā Karaliste: Großbritannien
apļa treniņš: Zirkeltraining
apļveida krustojums: Kreisverkehr
arbūzs: Wassermelone
arfa: Harfe
Argentīna: Argentinien

argons: Argon
arhitekts: Architekt
aritmētika: Arithmetik
Armēnija: Armenien
arodapmācība: Lehre
aromaterapija: Aromatherapie
arsēns: Arsen
artišoks: Artischocke
artērija: Arterie
Aruba: Aruba
arābu valoda: Arabisch
asaka: Gräte
asfalts: Asphalt
asins analīzes: Bluttest
asistents: Assistent
asiņains: blutig
aspirīns: Aspirin
astats: Astat
asteroīds: Asteroid
astma: Asthma
astoņkājis: Krake
astoņstūris: Achteck
ASV Samoa: Amerikanisch-Samoa
atbildēt: antworten
atkal: wieder
atkritne: Papierkorb
Atlantijas okeāns: Atlantik
atmosfēra: Atmosphäre
atomelektrostacija: Atomkraftwerk
atoms: Atom
atomskaitlis: Ordnungszahl
atpakaļ: hinten
atpakaļskata spogulis: Rückspiegel
atpūsties: ausruhen
atraitne: Witwe
atraitnis: Witwer
atrakciju parks: Freizeitpark
atrast: finden
atslēga: Schlüssel
atslēgas caurums: Schlüsselloch
atslēgas kauls: Schlüsselbein
atslēgu piekariņš: Schlüsselanhänger
atstarpe: Leerzeichen
atvainojiet: Entschuldigen Sie
atvilktne: Schublade
atvērt: aufsperren
atā: Tschüss
atņemšana: Subtraktion
auditorija: Hörsaal
audums: Stoff
auglis: Fötus
augsne: Boden
augstlēkšana: Hochsprung
augstpapēžu kurpes: Stöckelschuhe
augsts: hoch
augsts asinsspiediens: Bluthochdruck
augstums: Höhe
augt: wachsen

augusts: August
augļu salāti: Fruchtsalat
augļu tirgotājs: Obsthändler
auksts: kalt
auskars: Ohrring
auss: Ohr
austiņas: Kopfhörer
Austrija: Österreich
austrumi: Osten
Austrumtimora: Osttimor
austrāliešu futbols: Australian Football
Austrālija: Australien
ausu aizbāznis: Ohrstöpsel
autiņš: Windel
autobusa pietura: Bushaltestelle
autobusa vadītājs: Busfahrer
autobuss: Bus
autoiekrāvējs: Gabelstapler
automazgātuve: Waschanlage
automaģistrāle: Autobahn
automašīna: Auto
automātiskā ātrumkārba: Automatik
auto panelis: Armaturenbrett
autors: Autor
autosports: Autorennen
autostāvvieta: Parkplatz
autostāvvietas skaitītājs: Parkuhr
auzas: Hafer
auzu pārslas: Haferflocken
avene: Himbeere
aviokompānija: Fluggesellschaft
aviācijas bāzeskuģis: Flugzeugträger
avokado: Avocado
avārijas izeja: Notausgang
avīze: Zeitung
Azerbaidžāna: Aserbaidschan

B

badmintons: Badminton
bagāts: reich
bagāža: Gepäck
Bahamu salas: Bahamas
Bahreina: Bahrain
bakalaurs: Bachelor
baklažāns: Aubergine
baktērija: Bakterium
baleta čības: Ballettschuhe
balets: Ballett
balkons: Balkon
balles dejas: Standardtänze
balodis: Taube
balsot: wählen
balss ziņa: Sprachnachricht
Baltkrievija: Weißrussland
balts: weiß
baltvīns: Weißwein

bambuss: Bambus
bamperis: Stoßstange
Bangladeša: Bangladesch
bankas konts: Konto
bankas pārskaitījums: Überweisung
banknote: Geldschein
bankomāts: Bankomat
banāns: Banane
Barbadosa: Barbados
barbekjū: Grillen
barjerskrējiens: Hürdenlauf
barot: füttern
barības vads: Speiseröhre
baseins: Swimmingpool
basketbola bumba: Basketball
basketbols: Basketball
basģitāra: Bassgitarre
batuts: Trampolin
baudīt: genießen
baziliks: Basilikum
baznīca: Kirche
beisbola cepure: Kappe
beisbola cimds: Fanghandschuh
beisbola nūja: Schläger
beisbols: Baseball
bekons: Speck
Beliza: Belize
Benina: Benin
benzīns: Benzin
berilijs: Beryllium
berklijs: Berkelium
bet: aber
betona maisītājs: Betonmischer
betons: Beton
bez problēmām: Kein Problem
Beļģija: Belgien
biatlons: Biathlon
bibliotekārs: Bibliothekar
bibliotēka: Bücherei
biedrs: Mitglied
biezputra: Haferbrei
bieži: oft
bifelis: Büffel
bikini: Bikini
bikses: Hose
biksītes: Slip
biksīšu ieliktnis: Slipeinlage
bilde: Bild
biljards: Billard
bilžu rāmis: Bilderrahmen
bioloģija: Biologie
birojs: Büro
birste: Bürste
birža: Börse
biržas mākleris: Börsenmakler
bismuts: Bismut
bite: Biene
biznesa klase: Business-Class

biznesa skola: Business School
biznesa vakariņas: Geschäftsessen
bizons: Bison
biļete: Eintrittskarte
biļetens: Newsletter
biļešu automāts: Fahrscheinautomat
biļešu kase: Fahrkartenschalter
blakus: neben
blakusefekts: Nebenwirkung
blaugznas: Schuppen
blonds: blond
blūzs: Blues
bobslejs: Bob
boksa cimds: Boxhandschuh
boksa rings: Boxring
bokss: Boxen
Bolīvija: Bolivien
borijs: Bohrium
bors: Bor
Bosnija: Bosnien
Botsvāna: Botswana
botāniskais dārzs: botanischer Garten
boulinga bumba: Bowlingkugel
boulings: Bowling
braukšanas maksa: Fahrpreis
braunijs: Brownie
Brazīlija: Brasilien
breika dejas: Breakdance
bremzes: Bremse
bremžu gaisma: Bremslicht
brendijs: Brandy
bridžs: Bridge
briedis: Wild
brilles: Brille
Briseles kāposti: Rosenkohl
brokastis: Frühstück
brokastu pārslas: Frühstücksflocken
brokolis: Brokkoli
broms: Brom
bronzas medaļa: Bronzemedaille
broša: Brosche
brošūra: Broschüre
Bruneja: Brunei
bruņurupucis: Meeresschildkröte
brālis / māsa: Geschwister
brālēns: Cousin
brāļadēls / māsasdēls: Neffe
brāļameita / māsasmeita: Nichte
brīdinājuma gaisma: Warnlicht
brīdināt: warnen
brīvpiekļuves atmiņa: Arbeitsspeicher
brūce: Wunde
brūns: brünett
bufete: Buffet
Bulgārija: Bulgarien
bullis: Stier
bumbieris: Birne
bundža: Dose

bungas: Schlagzeug
bura: Segel
burgers: Burger
burka: Einmachglas
Burkinafaso: Burkina Faso
burkāns: Karotte
burts: Buchstabe
buru laiva: Segelboot
Burundi: Burundi
burāšana: Segeln
Butāna: Bhutan
bāka: Leuchtturm
bāls: blass
bāmija: Okra
bārda: Bart
bārenis: Waisenkind
bārijs: Barium
bārmenis: Barkeeper
bārs: Bar
bēbīšu skoliņa: Kinderkrippe
bēdīgs: traurig
bēniņi: Dachboden
bēres: Beerdigung
bērnistaba: Kinderzimmer
bērns: Kind
bērnudārza audzinātāja: Kindergärtnerin
bērnudārzs: Kindergarten
bērnu pudelīte: Babyflasche
bērnu ratiņi: Kinderwagen
bērnu sēdeklis: Kindersitz
bērzs: Birke
bēšs: beige
bļoda: Schüssel
būvlaukums: Baustelle

C

caureja: Durchfall
caurumotājs: Locher
CD atskaņotājs: CD Spieler
celis: Knie
celsija grāds: Celsius
celt: heben
celtnieks: Bauarbeiter
celtnis: Kran
cementa maisītājs: Betonmischmaschine
cements: Zement
centimetrs: Zentimeter
centrālais biznesa rajons: zentrales Geschäftsgebiet
centrālais procesors: Prozessor
Centrālāfrikas Republika: Zentralafrikanische Republik
cepamais pulveris: Backpulver
cepeškrāsns: Ofen
cept: backen
cepta desa: Bratwurst
ceptas nūdeles: gebratene Nudeln
ceptas pupiņas: Baked beans

cepti rīsi: gebratener Reis
cepums: Keks
cepure: Hut
ceturtais: der Vierte
ceturtdiena: Donnerstag
ceļa kauls: Kniescheibe
ceļa pārvads: Überführung
ceļa rullis: Walze
ceļojumu aģents: Reisebürokaufmann
ceļot: reisen
ceļš: Straße
ciems: Dorf
cietais disks: Festplatte
cieta viela: Feststoff
ciets: hart
cietums: Gefängnis
cigarete: Zigarette
cigārs: Zigarre
cik daudz?: wie viel?
Cik tas maksā?: Wie viel kostet das?
cilindrs: Zylinder
cimds: Handschuh
cinks: Zink
circenis: Grille
cirkonijs: Zirconium
cirvis: Axt
citi: sonstiges
citrons: Zitrone
citronzāle: Zitronengras
citēt: zitieren
colla: Zoll
cukurbiete: Zuckerrübe
cukurniedre: Zuckerrohr
cukurs: Zucker
cukurvate: Zuckerwatte
cālis: Küken
cērijs: Zer
cēzijs: Zäsium
cīnīties: kämpfen
cīpsla: Sehne
cīņa: Ringen
cūka: Schwein
cūkgaļa: Schweinefleisch

D

daiļlēkšana: Wasserspringen
daiļslidošana: Eiskunstlauf
dakstiņš: Dachziegel
dakša: Gabel
dalīties: teilen
dalīšana: Division
dambrete: Dame
darba devējs: Arbeitgeber
darbinieks: Angestellte
darbistaba: Arbeitszimmer
darbs: Job

darmštatijs: Darmstadtium
darva: Teer
datele: Dattel
datortomogrāfs: Computertomograf
datubāze: Datenbank
daudz: viele
daļskaitlis: Bruch
debesskrāpis: Hochhaus
decembris: Dezember
decimetrs: Dezimeter
degt: brennen
deguna aerosols: Nasenspray
deguna asiņošana: Nasenbluten
deguna kauls: Nasenbein
degunradzis: Nashorn
deguns: Nase
degvielas uzpildes stacija: Tankstelle
degvīns: Wodka
dejas: Tanzen
dejotājs: Tänzer
deju kurpes: Tanzschuhe
dekāde: Jahrzehnt
delfīns: Delfin
delna: Handfläche
deniņi: Schläfe
dermatoloģija: Dermatologie
derēt: wetten
derīguma termiņš: Ablaufdatum
desa: Wurst
detektīvs: Detektiv
deva: Dosierung
devīgs: großzügig
diabēts: Diabetes
diafragma: Zwerchfell
diagonāle: Diagonale
dibens: Gesäß
diena: Tag
dienasgrāmata: Tagebuch
dienvidi: Süden
Dienvidkoreja: Südkorea
Dienvidpols: Südpol
Dienvidsudāna: Südsudan
dienvidu puslode: Südhalbkugel
Dienvidāfrika: Südafrika
dievlūdzējs: Gottesanbeterin
digitālā kamera: Digitalkamera
dilles: Dill
dimants: Diamant
dim sum: Dim sum
dinozaurs: Dinosaurier
diploms: Diplom
direktors: Direktor
diriģents: Dirigent
diska mešana: Diskuswerfen
disprozijs: Dysprosium
distanču slēpošana: Skilanglauf
dividende: Dividende
divi pēcpusdienā: zwei Uhr nachmittags

divpadsmitpirkstu zarna: Zwölffingerdarm
divstāvīga gulta: Stockbett
divvietīgs numurs: Doppelzimmer
dizaineris: Designer
dižskābardis: Buche
doktora grāds: Doktor
dolārs: Dollar
Dominika: Dominica
Dominikāna: Dominikanische Republik
domino: Domino
domkrats: Wagenheber
domuzīme: Bindestrich
domāt: denken
dot: geben
draudzene: Freundin
draudzīgs: freundlich
draudēt: drohen
draugs: Freund
dredi: Dreadlocks
drosmīgs: mutig
drošs: sicher
drošības brilles: Schutzbrille
drošības josta: Sicherheitsgurt
drošības kamera: Überwachungskamera
drošības spilvens: Airbag
drudzis: Fieber
drukāt: drucken
drupas: Ruine
drēbju skapis: Kleiderschrank
dubnijs: Dubnium
dumjš: blöd
durvis: Tür
durvju rokturis: Türklinke
dusmīgs: wütend
duša: Dusche
dušas aizkars: Duschvorhang
dušas cepure: Duschhaube
dušas želeja: Duschgel
DVD atskaņotājs: DVD Spieler
dvielis: Handtuch
dvīņi: Zwillinge
dzeltens: gelb
dzelzs: Eisen
dzemde: Mutterleib
dzemdības: Entbindung
dzeramnauda: Trinkgeld
dzert: trinken
dziedāt: singen
dziedātājs: Sänger
dziesmas vārdi: Liedtext
dzimumloceklis: Penis
dzimums: Geschlecht
dzimšana: Geburt
dzimšanas apliecība: Geburtsurkunde
dzimšanas diena: Geburtstag
dzimšanas dienas ballīte: Geburtstagsparty
dzimšanas dienas torte: Geburtstagskuchen
dzinējs: Motor

dzirkstošais vīns: Sekt
dziļš: tief
dzērvene: Cranberry
dzēšgumija: Radiergummi
dzīvojamā istaba: Wohnzimmer
dzīvoklis: Wohnung
dzīvot: leben
dzīvsudrabs: Quecksilber
dzīvžogs: Hecke
Dānija: Dänemark
dārgs: teuer
dārza dakša: Mistgabel
dārza krēsls: Liegestuhl
dārza šķēres: Baumschere
dārznieks: Gärtner
dārzs: Garten
dāvana: Geschenk
dēls: Sohn
dīdžejs: DJ
dīvains: eigenartig
dīvāns: Sofa
dīzelis: Diesel
dīķis: Teich
dūmu detektors: Rauchmelder
dūre: Faust
džaivs: Jive
džekfrūts: Jackfrucht
džemperis: Pullover
džezs: Jazz
Džibuti: Dschibuti
džins: Gin
džinsi: Jeans
džudo: Judo

E

e-pasta adrese: E-Mail Adresse
e-pasts: E-Mail
eikalipts: Eukalyptus
einšteinijs: Einsteinium
eiro: Euro
eiropijs: Europium
eja: Gang
Ejam mājās: Gehen wir nach Hause
ej taisni: Geh geradeaus
ekonomika: Wirtschaftskunde
ekonomiskā klase: Economy-Class
ekrāns: Bildschirm
ekskavators: Bagger
ekskursiju gids: Reiseführer
eksāmens: Prüfung
Ekvadora: Ecuador
Ekvatoriālā Gvineja: Äquatorialguinea
ekvators: Äquator
ekzēma: Ekzem
elektriskais gludeklis: Bügeleisen
elektriskais skuveklis: Elektrorasierer

elektriskā ģitāra: E-Gitarre
elektriķis: Elektriker
elektrons: Elektron
elektrošoks: Elektroschock
elektrība: Strom
elektrības līnija: Stromleitung
elipse: Ellipse
eliptiskais trenažieris: Crosstrainer
elkonis: Ellbogen
elpināšanas aparāts: Beatmungsmaschine
elpot: atmen
embrijs: Embryo
endokrinoloģija: Endokrinologie
enerģijas dzēriens: Energy Drink
enkurs: Anker
epidēmiskais parotīts: Mumps
epilepsija: Epilepsie
epiziotomija: Episiotomie
erbijs: Erbium
Eritreja: Eritrea
es: ich
eseja: Aufsatz
Es gribu vēl: Ich möchte mehr
Es mīlu tevi: Ich liebe dich
Es nesaprotu: Das verstehe ich nicht
Es nezinu: Ich weiß nicht
es piekrītu: Ich stimme zu
espreso: Espresso
es to gribu: Ich möchte das
Es zinu: Ich weiß
Etiopija: Äthiopien
etiķis: Essig
ezers: See
ezis: Igel
eļļa: Öl
eļļas krāsa: Ölfarbe
eļļas pastelis: Ölkreide
eņģelis: Engel

F

fagots: Fagott
fails: Datei
fakss: Fax
farenheita grāds: Fahrenheit
farmaceits: Apotheker
februāris: Februar
fenhelis: Fenchel
fen šui: Feng Shui
ferma: Bauernhof
fermijs: Fermium
feta: Schafskäse
Fidži: Fidschi
Filipīnas: Philippinen
filozofija: Philosophie
filtrs: Filter
fizika: Physik

fizioterapeits: Physiotherapeut
fizioterapija: Physiotherapie
fiziķis: Physiker
flamings: Flamingo
flauta: Querflöte
flerovijs: Flerovium
florists: Blumenhändler
fluors: Fluor
flīze: Fliese
Folklenda salas: Falklandinseln
folkmūzika: Volksmusik
Formula 1: Formel 1
fosfors: Phosphor
fotoalbums: Fotoalbum
fotoaparāts: Fotoapparat
fotogrāfs: Fotograf
Francija: Frankreich
francijs: Francium
Franču Polinēzija: Französisch-Polynesien
franču valoda: Französisch
fritēt: braten
frizieris: Friseur
frī kartupeļi: Pommes frites
frīstaila slēpošana: Freestyle-Skiing
futbola apavi: Fußballschuhe
futbola bumba: Fußball
futbola stadions: Fußballstadion
futbols: Fußball
fēns: Föhn
Fēru salas: Färöer

G

Gabona: Gabun
gadolīnijs: Gadolinium
gads: Jahr
gadsimts: Jahrhundert
gaidīt: warten
gailis: Hahn
gaisa balons: Heißluftballon
gaisa kondicionieris: Klimaanlage
gaisa pumpis: Luftpumpe
gaisa satiksmes kontrolieris: Fluglotse
gaisa spiediens: Luftdruck
gaismas slēdzis: Lichtschalter
gaišs: hell
Gajāna: Guyana
galaktika: Galaxie
galda piederumi: Besteck
galda spēle: Brettspiel
galda tenisa galds: Tischtennistisch
galda teniss: Tischtennis
galdauts: Tischtuch
galdnieks: Tischler
galds: Tisch
gallijs: Gallium
galva: Kopf

galvaskauss: Schädel
galvaspilsēta: Hauptstadt
galvassāpes: Kopfweh
galvas trauma: Kopfverletzung
galvenās durvis: Haustür
Gambija: Gambia
Gana: Ghana
garantija: Garantie
garlaicīgs: langweilig
garuma grādi: Längengrad
garā zeķe: Strumpf
garāža: Garage
garāžas durvis: Garagentor
garš: groß
gatavot: kochen
gatve: Allee
gaļa: Fleisch
gaļas bumbiņa: Fleischkloß
geizers: Geisir
gekons: Gecko
gepards: Gepard
germānijs: Germanium
Gibraltārs: Gibraltar
ginekoloģija: Gynäkologie
gladiola: Gladiole
glezna: Gemälde
gleznot: malen
gliemezis: Schnecke
gliemežvāks: Muschel
gludināt: bügeln
gludināšanas dēlis: Bügeltisch
glutēns: Gluten
glābt: retten
glābšanas laiva: Rettungsboot
glābšanas riņķis: Rettungsring
glābšanas veste: Schwimmweste
glāze: Glas
godīgs: fair
golfa bumbiņa: Golfball
golfa laukums: Golfplatz
golfa nūja: Golfschläger
golfs: Golf
govs: Kuh
GPS: GPS
grabulis: Rassel
grafīts: Graphit
grams: Gramm
granīts: Granit
gravitācija: Schwerkraft
gredzens: Ring
greipfrūts: Grapefruit
Grenlande: Grönland
Grenāda: Grenada
griesti: Zimmerdecke
griezt: schneiden
Grieķija: Griechenland
gripa: Grippe
grozs: Korb

grupas terapija: Gruppentherapie
Gruzija: Georgien
grābeklis: Rechen
grāds: akademischer Grad
grāmata: Buch
grāmatu plaukts: Bücherregal
grāmatu veikals: Buchhandlung
grāmatvedis: Buchhalter
grāmatvedība: Buchhaltung
grīda: Fußboden
grūst: drücken
grūtniecības tests: Schwangerschaftstest
gudrs: klug
gulašs: Gulasch
gulbis: Schwan
gulta: Bett
gulēt: schlafen
gumija: Gummiband
gumijas laiva: Schlauchboot
gumijas zābaki: Gummistiefel
gumijlēkšana: Bungeespringen
gundega: Butterblume
gurķis: Gurke
guļamistaba: Schlafzimmer
guļammaiss: Schlafsack
Gvatemala: Guatemala
Gvineja: Guinea
Gvineja-Bisava: Guinea-Bissau
gājēju pāreja: Zebrastreifen
gājēju zona: Fußgängerzone
gāze: Gas
gāzes pedālis: Gaspedal
gāzēts ūdens: Soda

H

hafnijs: Hafnium
Haiti: Haiti
haizivs: Hai
Halovīns: Halloween
halāts: Bademantel
hamburgers: Hamburger
hameleons: Chamäleon
hantele: Hantel
hasijs: Hassium
helikopters: Hubschrauber
hemoroīds: Hämorrhoide
hidrants: Hydrant
hidroelektrostacija: Wasserkraftwerk
hidroterapija: Hydrotherapie
hidrotērps: Neoprenanzug
higiēniskā pakete: Binde
Himalaji: Himalaja
hipnoze: Hypnose
hiropraktiķis: Chiropraktiker
hlors: Chlor
hokeja nūja: Eishockeyschläger

hokejs: Eishockey
holmijs: Holmium
homeopātija: Homöopathie
Hondurasa: Honduras
Honkonga: Hongkong
Horvātija: Kroatien
hostelis: Jugendherberge
hotdogs: Hotdog
hroms: Chrom
hronometrs: Stoppuhr
hēlijs: Helium

I

iegurnis: Becken
iekaisis kakls: Halsweh
iekšā: innen
ieleja: Tal
ielidošana: Ankunft
ielu apgaismojums: Straßenlaterne
ielu ēdiens: Streetfood
iepakojums: Packung
iepirkšanās centrs: Einkaufszentrum
iepirkšanās grozs: Einkaufskorb
iepirkšanās rati: Einkaufswagen
ierocis: Pistole
iesildīšanās: Aufwärmen
ieslēgt: einschalten
iesms: Spieß
iesūtne: Posteingang
iet: gehen
iet dušā: duschen
ievainojums: Verletzung
ievainot: verletzen
ievārījums: Marmelade
iešļūcenes: Flipflops
Igaunija: Estland
ikona: Icon
Indija: Indien
Indijas okeāns: Indischer Ozean
indijas rieksts: Cashewnuss
indijs: Indium
Indonēzija: Indonesien
infekcija: Infektion
infūzija: Infusion
ingvers: Ingwer
inhalators: Inhalator
insults: Schlaganfall
insulīns: Insulin
intensīvās terapijas nodaļa: Intensivstation
investīcija: Investition
inženieris: Ingenieur
irbulītis: Essstäbchen
Irāka: Irak
Irāna: Iran
irīdijs: Iridium
Islande: Island

istabas atslēga: Zimmerschlüssel
istabas numurs: Zimmernummer
IT: IT
iterbijs: Ytterbium
itrijs: Yttrium
Itālija: Italien
izdevējs: Verlag
izdevīgs pirkums: Sonderangebot
izgāzties: scheitern
izlaiduma ceremonija: Graduierungsfeier
izlaidums: Graduierung
izlidošana: Abflug
izlietne: Waschbecken
izolācijas lente: Isolierband
izotops: Isotop
izpletnis: Fallschirm
izpletņlēkšana: Fallschirmspringen
izpūtējs: Auspuff
Izraēla: Israel
izsalcis: hungrig
izsaukuma zīme: Ausrufezeichen
izsitumi: Ausschlag
izskatīgs: gutaussehend
izslāpis: durstig
izslēgt: ausschalten
izvēlēties: wählen

J

ja: wenn
jahta: Jacht
Jamaika: Jamaika
janvāris: Januar
Japāna: Japan
japāņu valoda: Japanisch
jards: Yard
jau: schon
Jaunais gads: Neujahr
Jaunkaledonija: Neukaledonien
jauns: jung
Jaunzēlande: Neuseeland
jautājuma zīme: Fragezeichen
jautāt: fragen
Jemena: Jemen
jena: Yen
jenots: Waschbär
jo: weil
jods: Jod
joga: Yoga
jogurts: Joghurt
joks: Witz
jons: Ion
Jordānija: Jordanien
josta: Gürtel
juaņa: Yuan
jumts: Dach
Jupiters: Jupiter

juridiskā nodaļa: Rechtsabteilung
juvelieris: Juwelier
jēls: roh
jēra gaļa: Lammfleisch
jūdze: Meile
jūlijs: Juli
jūnijs: Juni
jūra: Meer
jūrascūciņa: Meerschweinchen
jūras lauva: Seelöwe
jūras veltes: Meeresfrüchte
jūraszirdziņš: Seepferdchen
jūras zvaigzne: Seestern
jūras zāle: Seegras
jūs: ihr
jūsu komanda: euer Team

K

kabacis: Zucchini
kabata: Hosentasche
kabatas portfelis: Geldtasche
kabelis: Kabel
Kaboverde: Kap Verde
kad: wann
kadmijs: Kadmium
kafija: Kaffee
kafijas automāts: Kaffeemaschine
kafijas galdiņš: Couchtisch
kaija: Möwe
Kaimanu salas: Cayman Islands
kaimiņš: Nachbar
kajīte: Kabine
kakla ortoze: Halskrause
kaklarota: Halskette
kaklasaite: Krawatte
kakls: Hals
kaktuss: Kaktus
kalcijs: Kalzium
kalcīts: Kalzit
kalendārs: Kalender
kalifornijs: Californium
kalmārs: Tintenfisch
kalns: Berg
kalnu grēda: Bergkette
kalnu riteņbraukšana: Mountainbiken
kamaniņu braukšana: Rennrodeln
Kambodža: Kambodscha
kamene: Hummel
Kamerūna: Kamerun
kamielis: Kamel
kanalizācijas lūka: Kanaldeckel
kanjons: Canyon
kanoe: Kanu
kanoe airēšana: Kanu
kantains: eckig
Kanāda: Kanada

Kanādas briedis: Elch
kanāls: Kanal
kanēlis: Zimt
kaplis: Hacke
kaps: Grab
kapsula: Kapsel
kapsēta: Friedhof
kapteinis: Kapitän
kapučīno: Cappuccino
karamele: Karamell
karatē: Karate
karavāna: Wohnwagen
karavīrs: Soldat
kardigans: Strickweste
kardioloģija: Kardiologie
kariess: Karies
karijs: Curry
karikatūra: Karikatur
karote: Löffel
karstais podiņš: Feuertopf
karsts: heiß
karstā šokolāde: heiße Schokolade
karsējmeitene: Cheerleader
karte: Karte
kartings: Kart
kartupelis: Kartoffel
kartupeļu biezenis: Kartoffelpüree
kartupeļu daiviņas: Kartoffelspalten
kartupeļu salāti: Kartoffelsalat
karuselis: Karussell
kas: was
kase: Kasse
kasieris: Kassierer
Katara: Katar
katedrāle: Dom
katetrs: Katheter
katls: Kochtopf
katrs: jeder
kauliņš: Kern
kauls: Knochen
kaulu smadzenes: Knochenmark
kauss: Pokal
kautrīgs: schüchtern
kaza: Ziege
Kazahstāna: Kasachstan
kazene: Brombeere
kazino: Kasino
kaķis: Katze
kaļķakmens: Kalkstein
kebabs: Kebab
kempinga vieta: Campingplatz
kempings: Camping
Kenija: Kenia
kija: Queue
kilograms: Kilo
kinoteātris: Kino
Kipra: Zypern
Kirgizstāna: Kirgisistan

Kiribati: Kiribati
kirijs: Curium
kivi: Kiwi
klade: Heft
klarnete: Klarinette
klasiskā mūzika: klassische Musik
klausīties: zuhören
klavieres: Klavier
kleita: Kleid
kleitas izmērs: Kleidergröße
klepus: Husten
klepus sīrups: Hustensaft
kliegt: schreien
klients: Kunde
klints: Klippe
klints lēkšana: Klippenspringen
klinšu kāpšana: Klettern
klitors: Klitoris
Klusais okeāns: Pazifik
kluss: still
klājs: Deck
klēpjdators: Laptop
klīnika: Klinik
knaibles: Zange
knaģis: Wäscheklammer
knupītis: Schnuller
koala: Koala
kobalts: Kobalt
kode: Motte
kodums: Bisswunde
koka izstrādājumi: Holzarbeit
koka karote: Kochlöffel
koka sija: Holzbalken
kokosrieksts: Kokosnuss
koks: Baum
kokteilis: Cocktail
kokvilna: Baumwolle
kola: Cola
kolonija: Kolonie
kolrābis: Kohlrabi
kols: Doppelpunkt
Kolumbija: Kolumbien
kolēģis: Kollege
komandtilts: Brücke
komandējums: Geschäftsreise
komats: Komma
kombains: Mähdrescher
komentētājs: Kommentator
komikss: Comicbuch
Komoras: Komoren
kompass: Kompass
komēdija: Komödie
komēta: Komet
koncerts: Konzert
konduktors: Schaffner
konfekte: Bonbon
Kongo Demokrātiskā Republika: Demokratische Republik Kongo
Kongo Republika: Republik Kongo

konkūrs: Springreiten
konsultants: Berater
kontaktdakša: Stecker
kontaktligzda: Steckdose
kontaktlēca: Kontaktlinse
konta numurs: Kontonummer
konteinerkuģis: Containerschiff
konteiners: Container
kontinents: Kontinent
kontrabass: Kontrabass
kontracepcijas tablete: Antibabypille
konuss: Kegel
kopernikijs: Copernicium
kopmītnes istaba: Schlafsaal
kopā: zusammen
kopēt: kopieren
koraļļu rifs: Korallenriff
korektors: Abdeckstift
koriandrs: Koriander
koridors: Gang
korķviļķis: Korkenzieher
kosmosa kuģis: Raumfähre
kosmosa stacija: Raumstation
Kosova: Kosovo
kost: beißen
Kostarika: Costa Rica
Kotdivuāra: Elfenbeinküste
košļājamā gumija: Kaugummi
krabis: Krabbe
krampji: Krampf
krasts: Küste
krauklis: Rabe
kravas automašīna: Lastwagen
kravas automašīnas šoferis: Lastwagenfahrer
kravas celtnis: Kranwagen
kravas lidmašīna: Frachtflugzeug
kravas vilciens: Güterzug
kredītkarte: Kreditkarte
kreisais: links
krekls: Hemd
Krievija: Russland
krikets: Cricket
kriptons: Krypton
krist: fallen
krokodils: Krokodil
krona: Krone
kronis: Krone
kruasāns: Croissant
krunka: Falte
krustojums: Kreuzung
krustvārdu mīklas: Kreuzworträtsel
kruīza kuģis: Kreuzfahrtschiff
kruķis: Krücke
krāna ūdens: Leitungswasser
krāns: Wasserhahn
krāsa: Anstrichfarbe
krāsainie zīmuļi: Buntstift
krāsnī cepta cūkgaļa: Schweinsbraten

krāsnī cepta vista: Brathähnchen
krāsots: gefärbt
krāsošanas rullis: Farbwalze
krāteris: Krater
krēms: Creme
krēsls: Sessel
krīts: Kalk
krūms: Strauch
krūts: Busen
krūtsgals: Brustwarze
krūze: Becher
krūškurvis: Brust
krūšturis: BH
krūšu kauls: Brustbein
ksenons: Xenon
ksilofons: Xylophon
Kuba: Kuba
kubikmetrs: Kubikmeter
kubs: Würfel
Kuka salas: Cookinseln
kukurūza: Mais
kukurūzas eļļa: Maiskeimöl
kultūrisms: Bodybuilding
kur: wo
Kur ir tualete?: Wo ist das WC?
kurls: taub
kurš: welches
Kuveita: Kuwait
kuģis: Schiff
kuņģis: Magen
kvadrātmetrs: Quadratmeter
kvadrāts: Quadrat
kvarcs: Quarz
kvieši: Weizen
kviksteps: Quickstep
kā: wie
Kā iet?: Wie geht es dir?
kāja: Bein
kājas pirksts: Zehe
kāju prese: Beinpresse
kālijs: Kalium
kāmis: Hamster
kāpnes: Treppe
kāposts: Kohl
kāpt: klettern
kāpurs: Raupe
kāpēc: warum
kārtslēkšana: Stabhochsprung
kāršu spēle: Kartenspiel
Kā tevi sauc?: Wie heißt du?
kāzas: Hochzeit
kāzu kleita: Hochzeitskleid
kāzu torte: Hochzeitstorte
kērlings: Curling
kļava: Ahorn
kļavu sīrups: Ahornsirup
kūka: Kuchen

L

labais: rechts
labdien: Guten Tag
labi: ok
laboratorija: Labor
labot: reparieren
labs: gut
lai gan: obwohl
laims: Limette
laimīgs: glücklich
laipni lūdzam: Willkommen
laka: Lack
lakrica: Lakritze
lakross: Lacrosse
lama: Lama
lampa: Lampe
lantāns: Lanthan
Laosa: Laos
lapa: Blatt
lapegle: Lärche
lapsa: Fuchs
lapsene: Wespe
lapu salāti: Salat
lasis: Lachs
lasīt: lesen
lasītava: Lesesaal
Latvija: Lettland
latīņamerikas dejas: Lateinamerikanische Tänze
latīņu valoda: Latein
lauka hokejs: Feldhockey
lauksaimnieks: Bauer
laukums: Platz
laulības gredzens: Ehering
lauva: Löwe
lava: Lava
lazanja: Lasagne
lazdu rieksts: Haselnuss
ledus: Eis
ledus kafija: Eiskaffee
ledus kāpšana: Eisklettern
ledusskapis: Kühlschrank
legingi: Leggings
lejkanna: Gießkanne
lekcija: Vorlesung
lektors: Vortragende
lelle: Puppe
lemurs: Lemur
leopards: Leopard
lepns: stolz
Lesoto: Lesotho
leļļu namiņš: Puppenhaus
leņķis: Winkel
Libāna: Libanon
Libērija: Liberia
lidmašīna: Flugzeug
lidmašīnas dzinējs: Triebwerk
lidosta: Flughafen

lidot: fliegen
liecinieks: Zeuge
Lieldienas: Ostern
liellopa gaļa: Rindfleisch
liels: groß
lielveikals: Supermarkt
liesa: Milz
liesa gaļa: mageres Fleisch
lieta: Fall
lietains: regnerisch
lietotne: App
lietotu apģērbu veikals: Second-Hand Shop
lietus: Regen
lietus mežs: Regenwald
lietusmētelis: Regenmantel
lietussargs: Regenschirm
Lietuva: Litauen
lifts: Aufzug
Lihtenšteina: Liechtenstein
likt: legen
likums: Gesetz
limonāde: Limonade
limuzīns: Limousine
lineāls: Lineal
literatūra: Literatur
litijs: Lithium
litrs: Liter
livermorijs: Livermorium
liķieris: Likör
lociņi: Frühlingszwiebel
lodes grūšana: Kugelstoßen
lodīšu pildspalva: Kugelschreiber
logs: Fenster
loka šaušana: Bogenschießen
lokomotīve: Lokomotive
lokšķēres: Lockenstab
losjons pēc skūšanās: Aftershave
lotosa sakne: Lotusfrucht
lourensijs: Lawrencium
lubrikants: Gleitgel
luga: Theaterstück
Luksemburga: Luxemburg
luksofors: Ampel
lukturītis: Taschenlampe
lutēcijs: Lutetium
lācis: Bär
lāpsta: Schaufel
lāpstiņa: Schulterblatt
lēkt: springen
lēns: langsam
lēts: billig
Lībija: Libyen
līgava: Braut
līgavainis: Bräutigam
līkne: Kurve
līkumots: kurvig
līme: Klebstoff
līmeņrādis: Wasserwaage

līmlente: Klebeband
līčija: Litschi
līķis: Leichnam
lūdzu: bitte
lūgties: beten
lūpas: Lippe
lūpu balzāms: Lippenbalsam
lūpu krāsa: Lippenstift
lūpu spīdums: Lipgloss
lūzums: Bruch

M

Madagaskara: Madagaskar
mafins: Muffin
magma: Magma
magnijs: Magnesium
magnētiskās rezonanses tomogrāfija: Magnetresonanztomografie
magnēts: Magnet
maijs: Mai
maiss: Tasche
maize: Brot
majonēze: Mayonnaise
majorāns: Majoran
Makao: Macao
maksts: Vagina
maksāt: bezahlen
Malaizija: Malaysia
Maldīvija: Malediven
Mali: Mali
Malta: Malta
maltā gaļa: Hackfleisch
Malāvija: Malawi
mamma: Mama
mandele: Mandel
manekens: Schaufensterpuppe
mango: Mango
mangāns: Mangan
manikīrs: Maniküre
Man ir suns: Ich habe einen Hund
mans suns: mein Hund
Man tas nepatīk: Ich mag das nicht
Man tevis pietrūkst: Ich vermisse dich
mantinieks: Erbe
mantkārīgs: geizig
mantojums: Erbe
Man vajag šo: Ich brauche das
mape: Ordner
maratons: Marathon
margrietiņa: Gänseblume
Maroka: Marokko
Marss: Mars
martini: Martini
marts: März
masalas: Masern
masieris: Masseur
masts: Mast

masāža: Massage
masēt: massieren
matemātika: Mathematik
matracis: Matratze
mats: Haar
matu gumija: Haargummi
matu lente: Schweißband
matu sprādze: Haarspange
matu taisnotājs: Glätteisen
matu želeja: Haargel
Mauritānija: Mauretanien
maurloki: Schnittlauch
Maurīcija: Mauritius
maz: wenige
mazais brālis: kleiner Bruder
mazais pirkstiņš: kleiner Finger
mazbērns: Enkelkind
mazdēls: Enkel
mazgāt: waschen
mazmeita: Enkelin
mazs: klein
mazulis: Baby
mazāk: weniger
mazā melnā kleita: kleines Schwarzes
mazā māsa: kleine Schwester
mazās bungas: Wirbeltrommel
maģistrs: Master
Maķedonija: Mazedonien
mašīntelpa: Maschinenraum
medaļa: Medaille
meditācija: Meditation
medmāsa: Krankenschwester
medus: Honig
medusmēnesis: Flitterwochen
medījums: Wild
medūza: Qualle
mehāniķis: Mechaniker
meita: Tochter
meitene: Mädchen
meitnerijs: Meitnerium
meklēt: suchen
Meksika: Mexiko
mellene: Heidelbeere
melnais caurums: schwarzes Loch
Melnkalne: Montenegro
melns: schwarz
Melnā jūra: Schwarzes Meer
melnā tēja: schwarzer Tee
melodija: Melodie
melone: Zuckermelone
mendeļejevijs: Mendelevium
Merkurs: Merkur
mest: werfen
meteorīts: Meteorit
metro: U-Bahn
metropole: Metropole
metrs: Meter
metāls: Metall

metāns: Methan
mežrags: Waldhorn
mežs: Wald
miega maska: Schlafmaske
miega zāles: Schlaftablette
mierīgs: leise
miesassargs: Bodyguard
miesnieks: Metzger
migla: Nebel
miglains: neblig
migrēna: Migräne
mikroautobuss: Kleinbus
Mikronēzija: Mikronesien
mikroskops: Mikroskop
mikroviļņu krāsns: Mikrowelle
mikseris: Mixer
mililitrs: Milliliter
milimetrs: Millimeter
milti: Mehl
milzīgs: riesig
minibārs: Minibar
ministrs: Minister
minūte: Minute
mirt: sterben
miskaste: Mistkübel
mitrums: Feuchtigkeit
miza: Schale
Mjanma: Burma
mobilais telefons: Mobiltelefon
mocarella: Mozzarella
modele: Model
modernā pieccīņa: Moderner Fünfkampf
modinātājs: Wecker
mokas kafija: Mokka
Moldova: Moldawien
molekula: Molekül
molibdēns: Molybdän
mols: Pier
momentfoto kamera: Sofortbildkamera
Monako: Monaco
Mongolija: Mongolei
Monopols: Monopoly
Montserrata: Montserrat
monēta: Münze
motocikls: Motorrad
motokross: Motocross
motora pārsegs: Motorhaube
motorolleris: Motorroller
motorzāģis: Kettensäge
motošoseja: Motorradsport
Mozambika: Mosambik
mošeja: Moschee
MP3 atskaņotājs: MP3-Player
muftijs: Mufti
mugura: Rücken
muguras smadzenes: Rückenmark
mugurkauls: Wirbelsäule
mugursoma: Rucksack

muita: Zoll
muskatrieksts: Muskatnuss
muskulis: Muskel
muslis: Müsli
musons: Monsun
mute: Mund
mutes aizsargs: Mundschutz
mutes harmonikas: Mundharmonika
muzejs: Museum
muļķīgs: albern
muša: Fliege
māceklis: Lehrling
mācību grāmata: Schulbuch
mācīties: lernen
mācītājs: Priester
māja: Haus
māja kokā: Baumhaus
mājas darbs: Hausaufgabe
mākonis: Wolke
mākoņains: bewölkt
māksla: Kunst
mākslas galerija: Kunstgalerie
mākslas vingrošana: Rhythmische Gymnastik
mākslinieks: Künstler
māls: Ton
mārciņa: Pfund
mārketings: Marketing
mārīte: Marienkäfer
Māršala salas: Marshallinseln
māsīca: Cousine
māte: Mutter
mēbeļu veikals: Möbelhaus
mēle: Zunge
mēms: stumm
mēnesis: Monat
mēness: Mond
mēness aptumsums: Mondfinsternis
mērlente: Maßband
mērīt: messen
mēs: wir
mētelis: Mantel
mīksts: weich
mīkstā rotaļlieta: Kuscheltier
mīlestība: Liebe
mīlēt: lieben
mūks: Mönch
mūsu mājas: unser Haus
mūziķis: Musiker
mūķene: Nonne

N

naba: Bauchnabel
nabags: arm
nacionālais parks: Nationalpark
nagla: Nagel
nags: Fingernagel

nagu laka: Nagellack
nagu lakas noņēmējs: Nagellackentferner
nagu standziņas: Nagelzwicker
nagu vīle: Nagelfeile
nagu šķēres: Nagelschere
nakts: Nacht
naktsgaldiņš: Nachttisch
nakts klubs: Nachtclub
naktskrekls: Nachthemd
naktslampiņa: Nachttischlampe
Namībija: Namibia
narcise: Narzisse
nauda: Geld
Nauru: Nauru
nav svarīgi: Macht nichts
nazis: Messer
načos čipsi: Nachos
ne: nicht
neatliekamās medicīniskās palīdzības telpa: Notaufnahme
nedēļa: Woche
nefrīts: Jade
negaiss: Gewitter
neglīts: hässlich
negodīgs: unfair
neilons: Nylon
neiroloģija: Neurologie
neitrons: Neutron
nekavējoties: sofort
nektārs: Nektar
nekustamā īpašuma aģents: Immobilienmakler
nelabums: Übelkeit
nelaimes gadījums: Unfall
nemetāls: Nichtmetall
neodīms: Neodym
neons: Neon
nepareizs: falsch
neptūnijs: Neptunium
Neptūns: Neptun
Nepāla: Nepal
nervs: Nerv
nest: tragen
netīrs: schmutzig
neuztraucies: Mach dir keine Sorgen
neviens: keine
nezāle: Unkraut
niedre: Schilf
niere: Niere
Nigēra: Niger
Nigērija: Nigeria
Nikaragva: Nicaragua
niobijs: Niob
niršana: Tauchen
niršanas maska: Tauchermaske
Niue: Niue
niķelis: Nickel
nobēlijs: Nobelium
nodaļa: Abteilung
nodeva: Maut

nodoklis: Steuer
nogalināt: töten
noguris: müde
nogāze: Hang
noliktava: Lager
nomierinies: Entspann dich
noraizējies: besorgt
Norvēģija: Norwegen
notekūdeņu attīrīšanas iekārta: Kläranlage
nots: Note
novele: Roman
novembris: November
noziedznieks: Verbrecher
nošu atslēga: Notenschlüssel
nuga: Nugat
nāc ar mani: Komm mit
nākamgad: nächstes Jahr
nākammēnes: nächsten Monat
nākamnedēļ: nächste Woche
nākt: kommen
nāss: Nasenloch
nātrijs: Natrium
nāve: Tod
Nīderlande: Niederlande
nīlzirgs: Nilpferd
nūdele: Nudel

O

oboja: Oboe
ods: Stechmücke
ogle: Kohle
ogleklis: Kohlenstoff
oglekļa dioksīds: Kohlendioxid
oglekļa monoksīds: Kohlenmonoxid
okeāns: Ozean
oktobris: Oktober
ola: Ei
olas baltums: Eiweiß
olas dzeltenums: Eigelb
olnīca: Eierstock
olu krēms: Vanillesauce
olu kultenis: Rührei
olvads: Eileiter
olīva: Olive
olīveļļa: Olivenöl
olšūna: Eizelle
Omāna: Oman
omārs: Hummer
onkoloģija: Onkologie
opera: Oper
operators: Kameramann
operācija: Operation
operāciju zāle: Operationssaal
optiķis: Optiker
opāls: Opal
oranžs: orange

oregano: Oregano
origami: Origami
ortopēdija: Orthopädie
orķestris: Orchester
osmijs: Osmium
osta: Hafen
ota: Pinsel
otrais: der Zweite
otrais pagrabstāvs: zweites Untergeschoss
otrais stāvs: erster Stock
otrdiena: Dienstag
ozols: Eiche

P

pacients: Patient
padēls: Stiefsohn
pagrabs: Keller
pagriezies pa kreisi: Biege links ab
pagriezies pa labi: Biege rechts ab
pagājušogad: letztes Jahr
pagājušonedēļ: letzte Woche
paisuma vilnis: Flutwelle
paka: Paket
pakausis: Nacken
Pakistāna: Pakistan
paklājs: Teppich
Palau: Palau
paldies: danke
Palestīna: Palästina
palete: Palette
pallādijs: Palladium
palma: Palme
palīdzēt: helfen
pamatskola: Mittelschule
pameita: Stieftochter
pamāte: Stiefmutter
Panama: Panama
panda: Panda
paniņas: Buttermilch
pankroks: Punk
pankūka: Pfannkuchen
panna: Pfanne
papagailis: Papagei
papaija: Papaya
paparde: Farn
paprika: Paprika
paprikas pulveris: Paprikapulver
Papua-Jaungvineja: Papua-Neuguinea
papēdis: Absatz
papīra naži: Teppichmesser
papīra salvete: Taschentuch
papīra tāfele: Flipchart
paragrāfs: Paragraph
Paragvaja: Paraguay
paraksts: Unterschrift
paralelograms: Parallelogramm

pareizs: richtig
parks: Park
parmezāns: Parmesan
parole: Passwort
parīt: übermorgen
parūka: Perücke
pasaules rekords: Weltrekord
pase: Reisepass
pasta indekss: Postleitzahl
pastkarte: Postkarte
pastkastīte: Briefkasten
pastmarka: Briefmarke
pastnieks: Briefträger
pasts: Postamt
pasvītrojums: Unterstrich
Pateicības diena: Erntedankfest
patikt: mögen
patoloģija: Pathologie
patēvs: Stiefvater
paugurs: Hügel
paukošana: Fechten
pavasara rullītis: Frühlingsrolle
pavasaris: Frühling
pavārs: Koch
paēdis: satt
pediatrija: Kinderheilkunde
pedikīrs: Pediküre
Pekinas pīle: Pekingente
peldbaseins: Schwimmbecken
peldbikses: Badehose
peldbrilles: Schwimmbrille
peldcepure: Badekappe
peldkostīms: Badeanzug
peldēt: schwimmen
peldēšana: Schwimmen
pele: Maus
pelikāns: Pelikan
pelmenis: Teigtasche
pelni: Asche
pelnīt: verdienen
pelēks: grau
penālis: Federmappe
periodiskā tabula: Periodensystem
perons: Bahnsteig
persiks: Pfirsich
personāla nodaļa: Personalabteilung
personāls: Belegschaft
Peru: Peru
Petri trauks: Petrischale
peļņa: Gewinn
peņuārs: Negligé
pica: Pizza
pidžama: Pyjama
piecpadsmit minūtes: Viertelstunde
piederība: Mitgliedschaft
piedevas: Beilage
piedod: Entschuldigung
piedurkne: Ärmel

piedzēries: betrunken
piegādāt: liefern
piekabe: Anhänger
pieklājīgs: brav
piektdiena: Freitag
piekūns: Falke
piemineklis: Denkmal
piemīlīgs: süß
Piena Ceļš: Milchstraße
piena kokteilis: Milkshake
piena pulveris: Milchpulver
piena tēja: Milchtee
pienene: Löwenzahn
piens: Milch
piepūšamais matracis: Luftmatratze
pieraksts: Termin
piere: Stirn
pierādījumi: Beweis
pieskarties: berühren
pietupiens: Kniebeuge
piezīme: Notiz
pieņemties svarā: zunehmen
pikants: scharf
pikniks: Picknick
pilates: Pilates
pildspalva: Stift
pilns: voll
pilots: Pilot
pilotu kabīne: Cockpit
pils: Schloss
piltuve: Trichter
pincete: Pinzette
pingvīns: Pinguin
piparmētra: Minze
pipars: Pfeffer
pipete: Pipette
piramīda: Pyramide
pirksts: Finger
pirkstu nospiedumi: Fingerabdruck
pirkt: kaufen
pirmais: der Erste
pirmais pagrabstāvs: erstes Untergeschoss
pirmais stāvs: Erdgeschoss
pirmais ēdiens: Vorspeise
pirmdiena: Montag
pirmā klase: First-Class
pirts: Sauna
pistācija: Pistazie
plakanais ekrāns: Flachbildschirm
plakans: flach
planieris: Segelflugzeug
planēta: Planet
plastmasa: Kunststoff
plastmasas maiss: Plastiktüte
platuma grādi: Breitengrad
platums: Breite
platīns: Platin
plauksta: Hand

plaukstas locītava: Handgelenk
plaukts: Regal
plauša: Lunge
plašs: breit
plecs: Schulter
plezna: Flosse
plika galva: Glatze
pludmale: Strand
pludmales glābējs: Rettungsschwimmer
pludmales volejbols: Beachvolleyball
plutonijs: Plutonium
Plutons: Pluto
plāksteris: Pflaster
plānās pankūkas: Crêpe
plīts: Herd
plīts virsma: Abzug
plūdi: Flut
plūme: Pflaume
poda birste: Toilettenbürste
podniecība: Töpferei
poga: Knopf
pokers: Poker
policija: Polizei
policijas iecirknis: Polizeiwache
policijas mašīna: Polizeiauto
policists: Polizist
poliesters: Polyester
Polija: Polen
politika: politische Bildung
politiķis: Politiker
polo: Polo
polo krekls: Poloshirt
polonijs: Polonium
pols: Pol
polārlācis: Eisbär
popkorns: Popcorn
popmūzika: Pop
portfelis: Aktentasche
portfolio: Portfolio
portrets: Porträt
Portugāle: Portugal
potīte: Knöchel
praktikants: Praktikant
prazeodīms: Praseodym
precēt: heiraten
premjerministrs: Ministerpräsident
presītes: Sit-ups
pretgrumbu krēms: Antifaltencreme
pretodu līdzeklis: Insektenschutzmittel
pretsāpju līdzeklis: Schmerzmittel
prezentācija: Präsentation
prezervatīvs: Kondom
prezidents: Staatspräsident
priede: Kiefer
priekā: Prost
priekša: vorne
priekšautiņš: Lätzchen
priekšpilsēta: Vorort

priekšsēdētājs: Vorstandsvorsitzende
priekšvārds: Vorwort
priekšējais lukturis: Vorderlicht
priekšējais sēdeklis: Vordersitz
printeris: Drucker
procenti: Zins
profesors: Professor
programmētājs: Programmierer
projektors: Beamer
prokurors: Staatsanwalt
promenāde: Promenade
prometijs: Promethium
prostata: Prostata
prostitūta: Prostituierte
protaktīnijs: Protactinium
protams: natürlich
protons: Proton
province: Provinz
prāmis: Fähre
psihiatrija: Psychiatrie
psihoanalīze: Psychoanalyse
psihoterapija: Psychotherapie
pudele: Flasche
pudiņš: Pudding
Puertoriko: Puerto Rico
pulkstenis: Uhr
pulss: Puls
pulveris: Pulver
pumpēšanās: Liegestütz
punkts: Punkt
pupa: Bohne
puravs: Lauch
purpurs: lila
purvs: Moor
pusdienas: Mittagessen
pusdienlaiks: Mittag
pusmetāls: Halbmetall
pusnakts: Mitternacht
pussala: Halbinsel
pusstunda: halbe Stunde
putekļu sūcējs: Staubsauger
putnu zirneklis: Tarantel
putukrējums: Schlagsahne
puzle: Puzzle
puķe: Blume
puķu pods: Blumentopf
pāgājušomēnes: letzten Monat
pārdevējs: Verkäufer
pārdot: verkaufen
pārdošana: Verkauf
pārgājiens: Wandern
pārgājienu zābaki: Wanderschuhe
pārlūkprogramma: Browser
pārsteigts: überrascht
pārģērbšanās kabīne: Umkleidekabine
pātaga: Peitsche
pāvs: Pfau
pēcpusdiena: Nachmittag

pēda: Fuß
pēkšņi: plötzlich
pērkons: Donner
pērtiķis: Affe
pērļu kaklarota: Perlenkette
pētniecība: Forschung
pīle: Ente
pīrāgs: Pie
pūce: Eule
pūdercukurs: Puderzucker
pūderslotiņa: Puderquaste

R

rabīns: Rabbiner
radars: Radar
radiators: Heizkörper
radio: Radio
radio aukle: Babyfon
radioloģija: Radiologie
radons: Radon
raftings: Rafting
ragavas: Schlitten
raidījuma vadītājs: Moderator
raksts: Artikel
rakstāmgalds: Schreibtisch
rakstīt: schreiben
rakt: graben
rallijs: Rallye
Ramadāns: Ramadan
ramen: Ramen
rapšu eļļa: Rapsöl
ratiņkrēsls: Rollstuhl
raudāt: weinen
raugs: Hefe
raķete: Rakete
redīss: Radieschen
regbijs: Rugby
regejs: Reggae
reizināšana: Multiplikation
reklāma: Werbung
relativitātes teorija: Relativitätstheorie
rentgena uzņēmums: Röntgenaufnahme
rentgenijs: Röntgenium
reportieris: Reporter
reps: Rap
resnā zarna: Dickdarm
restorāns: Restaurant
retro auto: Oldtimer
rezerfordijs: Rutherfordium
rezervācija: Reservierung
rezervēšana: Buchung
rezultāts: Ergebnis
reģions: Region
reģistratūra: Abflugschalter
režisors: Regisseur
riba: Rippe

rieksts: Nuss
riepa: Reifen
rietumi: Westen
rinda: Reihe
ripa: Puck
riteņbraukšana: Radfahren
ritjosla: Scrollbar
robots: Roboter
rodijs: Rhodium
roka: Arm
rokas bagāža: Handgepäck
rokas bremze: Handbremse
rokasbumba: Handball
rokas pulkstenis: Armbanduhr
rokassoma: Handtasche
rokassprādze: Armband
rokas zāģis: Handsäge
rokenrols: Rock 'n' Roll
roks: Rock
roku dzelži: Handschelle
rombs: Raute
ronis: Seehund
rotaļlietu veikals: Spielzeugladen
rotaļu laukums: Spielplatz
roze: Rose
rozmarīns: Rosmarin
rozā: pink
rozīne: Rosine
Ruanda: Ruanda
rubīdijs: Rubidium
rubīns: Rubin
rudens: Herbst
ruds: rothaarig
rullēt: rollen
rumba: Rumba
rums: Rum
Rumānija: Rumänien
runāt: sprechen
rutēnijs: Ruthenium
rācija: Funkgerät
rādijs: Radium
rādiuss: Radius
rādītājpirksts: Zeigefinger
rāpot: krabbeln
rātsnams: Rathaus
rāvējslēdzējs: Reißverschluss
rēnijs: Rhenium
rēķins: Rechnung
rēķināt: rechnen
rīsi: Reis
rīsu katls: Reiskocher
rīt: morgen
rīts: Vormittag
rīve: Reibe
rūpniecības rajons: Industriegebiet
rūpnīca: Fabrik
rūteris: Router

S

saaukstēšanās: Erkältung
sacīkšu velosipēds: Rennrad
saderināšanās: Verlobung
saderināšanās gredzens: Verlobungsring
safīrs: Saphir
Sahāra: Sahara
saimnieks: Vermieter
saindēšanās: Vergiftung
sajūgs: Kupplung
sakne: Wurzel
saksofons: Saxophon
sakē: Sake
sala: Insel
salami: Salami
salauzta sirds: Liebeskummer
saldais kartupelis: Süßkartoffel
saldais krējums: Sahne
saldais ēdiens: Nachtisch
salds: süß
saldējums: Eiscreme
saldētava: Gefrierschrank
salsa: Salsa
Salvadora: El Salvador
salāti: Salat
samba: Samba
Samoa: Samoa
samārijs: Samarium
sandales: Sandalen
Sanmarīno: San Marino
santehniķis: Klempner
Santome un Prinsipi: São Tomé und Príncipe
sapulču telpa: Konferenzraum
sapņot: träumen
saraksts: Fahrplan
sarauties: schrumpfen
sardīne: Sardine
sarežģīts: schwer
sarkans: rot
sarkanvīns: Rotwein
Sarkanā jūra: Rotes Meer
sarkanā panda: kleiner Panda
saskaitīšana: Addition
saspraude: Büroklammer
sastatnes: Gerüst
sastrēguma stunda: Stoßzeit
sastrēgums: Stau
satelīta šķīvis: Satellitenschüssel
satelīts: Satellit
satikt: sich treffen
satura rādītājs: Inhaltsverzeichnis
Saturns: Saturn
saturs: Inhalt
saucējs: Nenner
saudzē sevi: Pass auf
saulains: sonnig
saule: Sonnenschein

saules apdegums: Sonnenbrand
saules aptumsums: Sonnenfinsternis
saulesbrilles: Sonnenbrille
saules cepure: Sonnenhut
saules panelis: Solaranlage
saulespuķe: Sonnenblume
saulespuķu eļļa: Sonnenblumenöl
saulessargs: Sonnenschirm
sauss: trocken
sauszemes bruņurupucis: Schildkröte
sauļošanās krēms: Sonnencreme
Saūda Arābija: Saudi-Arabien
scenārijs: Manuskript
sega: Decke
segli: Sattel
seifs: Tresor
Seišelas: Seychellen
sejas krēms: Gesichtscreme
sejas maska: Gesichtsmaske
sejas pūderis: Puder
sejas toneris: Gesichtswasser
sekls: seicht
sekot: folgen
sekretāre: Sekretärin
sekss: Sex
seksīgs: sexy
sekunde: Sekunde
selerija: Sellerie
selēns: Selen
semestris: Semester
semikols: Strichpunkt
Senegāla: Senegal
Sentkitsa un Nevisa: St. Kitts und Nevis
Sentlūsija: St. Lucia
Sentvinsenta un Grenadīnas: St. Vincent und die Grenadinen
septembris: September
Serbija: Serbien
seriāls: Fernsehserie
serveris: Server
sestais stāvs: fünfter Stock
sestdiena: Samstag
sešstūris: Sechseck
sfēra: Kugel
sidrs: Apfelwein
siena: Wand
siena drudzis: Heuschnupfen
sienāzis: Heuschrecke
siera kūka: Käsekuchen
siers: Käse
sieva: Ehefrau
sieviete: Frau
sieviešu maks: Geldbörse
signāls: Empfang
sikspārnis: Fledermaus
silts: warm
siltumnīca: Gewächshaus
silīcijs: Silizium
simbols: Schriftzeichen

simfonija: Symphonie
sinagoga: Synagoge
sinepes: Senf
Singapūra: Singapur
sinhronā peldēšana: Synchronschwimmen
sintezators: Keyboard
sirds: Herz
sirdstrieka: Herzinfarkt
sirēna: Sirene
sist: schlagen
sist ar āmuru: hämmern
sivēns: Ferkel
Sjerraleone: Sierra Leone
skafandrs: Raumanzug
skaidrā: nüchtern
skaists: schön
skaitīt: zählen
skaitītājs: Zähler
skalpelis: Skalpell
skandijs: Scandium
skatuve: Bühne
skatīties: starren
skatītāji: Publikum
skavotājs: Klammermaschine
skaļrunis: Lautsprecher
skaļš: laut
skaņuplašu atskaņotājs: Plattenspieler
skeitbordings: Skateboarding
skeletons: Skeleton
skelets: Skelett
skeneris: Scanner
skenēt: scannen
skola: Schule
skolas autobuss: Schulbus
skolas forma: Schuluniform
skolas pagalms: Schulhof
skolas soma: Schultasche
skolotājs: Lehrer
skorpions: Skorpion
skrejceliņš: Laufband
skrejceļš: Landebahn
skrejlapa: Flugblatt
skriemelis: Wirbel
skriet: laufen
skriešana: Laufen
skrimslis: Knorpel
skrituļslidošana: Inlineskating
skropstas: Wimpern
skropstu tuša: Mascara
skrūvgriezis: Schraubenzieher
skudra: Ameise
skudrulācis: Ameisenbär
skulptūru veidošana: Bildhauerei
skurstenis: Schornstein
skuveklis: Nassrasierer
skābais krējums: Sauerrahm
skābeklis: Sauerstoff
skābs: sauer

skūpsts: Kuss
skūpstīt: küssen
skūšanās putas: Rasierschaum
slaids: schlank
slapjš: nass
slidas: Schlittschuhe
slidkalniņš: Rutsche
slidotava: Eislaufplatz
slidošana: Eislaufen
sliežu ceļš: Gleis
slikts: schlecht
slimnīca: Krankenhaus
slims: krank
slinks: faul
slota: Besen
Slovākija: Slowakei
Slovēnija: Slowenien
slāpeklis: Stickstoff
slēpe: Ski
slēpošana: Skifahren
slēpošanas kostīms: Skianzug
slēpošanas kūrorts: Skigebiet
slēpošanas nūja: Skistock
slēpt: verstecken
smadzenes: Gehirn
smadzeņu satricinājums: Gehirnerschütterung
smagais metāls: Heavy Metal
smags: schwer
smaidīt: lächeln
smalkais cukurs: Kristallzucker
smaržas: Parfum
smaržot: riechen
smeļamais kauss: Schöpflöffel
smieklīgs: lustig
smieties: lachen
smiltis: Sand
smilšu kaste: Sandkiste
smēķēt: rauchen
smūtijs: Smoothie
sniega motocikls: Schneemobil
sniegs: Schnee
snovbords: Snowboarden
snūkera galds: Snookertisch
snūkers: Snooker
sociālie mediji: soziale Medien
soda nauda: Strafe
soja: Soja
sojas piens: Sojamilch
sols: Bank
Somija: Finnland
Somālija: Somalia
spageti: Spaghetti
spainis: Eimer
sperma: Sperma
spert: kicken
spidometrs: Geschwindigkeitsanzeige
spiest: drücken
spilvens: Kissen

spināti: Spinat
spogulis: Spiegel
spontānais aborts: Fehlgeburt
sporta apavi: Turnschuhe
sporta krekls: Trikot
sporta krūšturis: Sport-BH
sporta laukums: Sportplatz
sporta preču veikals: Sportgeschäft
sporta zāle: Fitnessstudio
sports: Sportunterricht
sprints: Sprinten
sprogaini: gelockt
spuldze: Glühbirne
Spānija: Spanien
spāre: Libelle
spārns: Flügel
spāņu valoda: Spanisch
spēks: Kraft
spēlēt: spielen
spēlēt azartspēles: zocken
spļaut: spucken
starpliktuve: Klemmbrett
statīvs: Tripod
steiks: Steak
steks: Schlagstock
stetoskops: Stethoskop
stiepšanās: Dehnen
stieņa spiešana guļus: Bankdrücken
stilīgs: cool
stingrs: streng
stipendija: Stipendium
stiprs: stark
stjuarte: Stewardess
strauss: Strauß
strauts: Bach
stress: Stress
stringi: String
stroncijs: Strontium
strādāt: arbeiten
strīdēties: streiten
strūklaka: Springbrunnen
stumbrs: Stängel
stunda: Schulstunde
stārķis: Storch
stāvs: steil
stāvēt: stehen
stūre: Lenkrad
sudoku: Sudoku
sudraba medaļa: Silbermedaille
sudrabs: Silber
Sudāna: Sudan
sulīgs: saftig
summa: Betrag
suns: Hund
surikats: Erdmännchen
Surinama: Suriname
suvenīrs: Souvenir
suņu būda: Hundehütte

suši: Sushi
svaine: Schwägerin
svainis: Schwager
svarcelšana: Gewichtheben
svari: Waage
svaru stienis: Langhantel
Svazilenda: Swasiland
svece: Kerze
sveiki: Hallo
sviestmaize: Sandwich
sviests: Butter
svins: Blei
svinēt: feiern
svārki: Rock
svētdiena: Sonntag
svēts: heilig
svītrkods: Barcode
svītrkodu skeneris: Barcodelesegerät
sākumskola: Grundschule
sāls: Salz
sāna durvis: Seitentür
sānu spogulis: Seitenspiegel
sāļš: salzig
sēdeklis: Sitz
sēdēt: sitzen
sēkla: Samen
sēklinieks: Hoden
sēklinieku maisiņš: Hodensack
sēne: Pilz
sērfings: Surfen
sērfošanas dēlis: Surfbrett
sērkociņš: Zündholz
sērs: Schwefel
sībordžijs: Seaborgium
sīpols: Zwiebel
sīpolu gredzens: Zwiebelring
Sīrija: Syrien
sūkt putekļus: staubsaugen

T

tabaka: Tabak
tablete: Tablette
tad: dann
Tadžikistāna: Tadschikistan
tagad: jetzt
taifūns: Taifun
taisna līnija: Gerade
taisni: glatt
taisns: gerade
taisns leņķis: rechter Winkel
taisnstūris: Rechteck
Taivāna: Taiwan
Taizeme: Thailand
taksometra vadītājs: Taxifahrer
taksometrs: Taxi
tallijs: Thallium

tamburīns: Tamburin
tampons: Tampon
tandēms: Tandem
tangenss: Tangente
tango: Tango
tanks: Panzer
tantals: Tantal
tante: Tante
Tanzānija: Tansania
tapīrs: Tapir
tas: das
tase: Tasse
tastatūra: Tastatur
taure: Hupe
tauriņš: Fliege
tavs kaķis: deine Katze
tehnēcijs: Technetium
tekila: Tequila
teksts: Text
tekvondo: Taekwondo
telefona numurs: Telefonnummer
telefons: Telefon
teleskops: Teleskop
televizors: Fernseher
televīzija: Fernsehen
telpaugs: Zimmerpflanze
telts: Zelt
telūrs: Tellur
temperatūra: Temperatur
templis: Tempel
tenisa bumba: Tennisball
tenisa korts: Tennisplatz
tenisa rakete: Tennisschläger
teniss: Tennis
terase: Terrasse
terbijs: Terbium
teritorija: Hoheitsgebiet
termo apakšveļa: lange Unterwäsche
termofors: Wärmflasche
termometrs: Fiebermesser
termosa kanna: Thermoskanne
termīts: Termite
testaments: Testament
tetovējums: Tattoo
tetris: Tetris
teātris: Theater
teļa gaļa: Kalbfleisch
tiesa: Gericht
tiesnesis: Schiedsrichter
tievs: mager
tievā zarna: Dünndarm
tiešām: wirklich
tiksimies vēlāk: Bis später
tilpums: Volumen
timiāns: Thymian
timpāns: Pauke
tinte: Tinte
tirgus: Markt

titāns: Titan
T krekls: T-Shirt
tofu: Tofu
Togo: Togo
tomāts: Tomate
tomātu mērce: Ketchup
Tonga: Tonga
tonna: Tonne
tonālais krēms: Foundation
torijs: Thorium
tosteris: Toaster
traheja: Luftröhre
traks: verrückt
traktors: Traktor
tramplīnlēkšana: Skispringen
tramvajs: Straßenbahn
trapece: Trapez
trauku mazgājamā mašīna: Geschirrspüler
trauku skapis: Schrank
treka riteņbraukšana: Bahnradfahren
trekna gaļa: fettes Fleisch
treneris: Trainer
treniņbikses: Trainingshose
treniņtērps: Trainingsanzug
trepes: Leiter
trešais: der Dritte
trešdiena: Mittwoch
triatlons: Triathlon
trifele: Trüffel
trijstūris: Dreieck
triktrakspēle: Backgammon
trilleris: Krimi
Trinidāda un Tobāgo: Trinidad und Tobago
trombons: Posaune
trompete: Trompete
tropu josla: Tropen
trotuārs: Gehsteig
trošu vagoniņš: Seilbahn
trusis: Kaninchen
trīcēt: zittern
trīnīši: Drillinge
trīssoļlēkšana: Dreisprung
trīsstūris: Triangel
tu: du
tualete: WC
tualetes papīrs: Klopapier
tuba: Tuba
tukls: mollig
tuksnesis: Wüste
tukšs: leer
tulpe: Tulpe
Tu man patīc: Ich mag dich
tumšs: dunkel
tuncis: Thunfisch
tunelis: Unterführung
Tunisija: Tunesien
tur: dort
Turcija: Türkei

Turkmenistāna: Turkmenistan
Tuvalu: Tuvalu
tuvu: nahe
tvaika vilciens: Dampfzug
tāfele: Tafel
tāllēkšana: Weitsprung
tālu: fern
tālvadības pults: Fernbedienung
tēja: Tee
tējkanna: Teekanne
tērauda sija: Stahlträger
tērauds: Stahl
tērzēšana: Chat
tētis: Papa
tēvocis: Onkel
tēvs: Vater
tēze: Diplomarbeit
tīkls: Netz
tīmekļa kamera: Webcam
tīmekļa vietne: Webseite
tīrs: sauber
tīrīt: putzen
tītara gaļa: Putenfleisch
tītars: Truthahn
tīģeris: Tiger
tūkstošgade: Jahrtausend
tūlijs: Thulium
tūplis: After
tūrisma informācija: Touristeninformation
tūrisma objekts: Touristenattraktion
tūristu ceļvedis: Reiseführer

U

Uganda: Uganda
uguns: Feuer
ugunsdzēsēji: Feuerwehr
ugunsdzēsējs: Feuerwehrmann
ugunsdzēsēju depo: Feuerwehrhaus
ugunsdzēsēju mašīna: Feuerwehrauto
ugunsdzēšamais aparāts: Feuerlöscher
ugunsgrēka trauksme: Feueralarm
ugunsgrēks: Brand
ugunskurs: Lagerfeuer
Ukraina: Ukraine
ukulele: Ukulele
ultraskaņas iekārta: Ultraschallgerät
un: und
unce: Unze
Ungārija: Ungarn
uniforma: Uniform
universitāte: Universität
upe: Fluss
upene: Johannisbeere
urbjmašīna: Bohrmaschine
urbt: bohren
url: URL

urna: Urne
uroloģija: Urologie
Urugvaja: Uruguay
urāns: Uran
Urāns: Uranus
urīnpūslis: Blase
USB zibatmiņa: USB Stick
uzacs: Augenbraue
uzacu zīmulis: Augenbrauenstift
Uzbekistāna: Usbekistan
uzbrukt: angreifen
uzgaidāmā telpa: Wartezimmer
uzgriežņu atslēga: Schraubenschlüssel
uzkoda: Snack
uzkrājumi: Ersparnisse
uz redzēšanos: Auf Wiedersehen
uzvalks: Anzug
uzvarēt: gewinnen
uzvedības terapija: Verhaltenstherapie
uzņēmējs: Unternehmer

V

vabole: Käfer
vads: Draht
vadības tornis: Tower
vadītājs: Manager
vafele: Waffel
vai: oder
vaigs: Wange
vaigu bedrīte: Grübchen
Vai jūs varat man palīdzēt?: Können Sie mir helfen?
vainīgs: schuldig
vairāk: mehr
Vai tev viss kārtībā?: Geht es dir gut?
Vai tu mani mīli?: Liebst du mich?
vakar: gestern
vakariņas: Abendessen
vakarkleita: Abendkleid
vakars: Abend
valis: Wal
valrieksts: Walnuss
valsis: langsamer Walzer
valsts: Land
valzirgs: Walross
vaniļa: Vanille
vaniļas cukurs: Vanillezucker
vanna: Badewanne
vannas dvielis: Badetuch
vannas istaba: Badezimmer
vannas čības: Badeschuhe
Vanuatu: Vanuatu
vanādijs: Vanadium
varavīksne: Regenbogen
varde: Frosch
varš: Kupfer
vasara: Sommer

vasaras raibumi: Sommersprossen
Vatikāns: Vatikan
vats: Watt
vecmāte: Hebamme
vecs: alt
vectēvs: Großvater
vecākais brālis: großer Bruder
vecāki: Eltern
vecākā māsa: große Schwester
vecāmāte: Großmutter
vedekla: Schwiegertochter
vektors: Vektor
velosipēds: Fahrrad
velotrenažieris: Fahrradergometer
vemt: sich übergeben
Venecuēla: Venezuela
ventilators: Ventilator
Venēra: Venus
vesels: gesund
vesera mešana: Hammerwerfen
vesterns: Western
vestibils: Eingangshalle
veterinārs: Tierarzt
veļa: Schmutzwäsche
veļas grozs: Wäschekorb
veļas mašīna: Waschmaschine
veļas pulveris: Waschpulver
videokamera: Camcorder
viduklis: Taille
Vidusjūra: Mittelmeer
vidusskola: Oberstufe
vidējais pirksts: Mittelfinger
viedtālrunis: Smartphone
viegls: einfach
vienmēr: immer
viensliedes dzelzceļš: Schwebebahn
viens naktī: ein Uhr früh
vientuļš: einsam
vienvietīgs numurs: Einzelzimmer
vienvirziena iela: Einbahnstraße
vienādojums: Gleichung
viesis: Gast
viesmīlis: Kellner
viesnīca: Hotel
viesuļvētra: Wirbelsturm
vijole: Geige
vilciena stacija: Bahnhof
vilciena vadītājs: Lokomotivführer
vilciens: Zug
vilks: Wolf
vilkt: ziehen
vilna: Wolle
vindsērfings: Windsurfen
vingrināties: üben
vingrošana: Turnen
virpuļviesulis: Tornado
virs: über
virsraksts: Überschrift

virtulis: Donut
virtuve: Küche
virtuves dēlis: Schneidebrett
visi: jeder
viskijs: Whiskey
viss: alle
vista: Huhn
vistas gaļa: Hühnerfleisch
vistas nagets: Chicken Nugget
vistas spārniņi: Chicken Wings
visvairāk: höchst
vitamīns: Vitamin
vizītkarte: Visitenkarte
viņa: sie
viņa automašīna: sein Auto
viņas kleita: ihr Kleid
viņi / viņas: sie
viņu uzņēmums: ihr Unternehmen
viņš: er
Vjetnama: Vietnam
volejbols: Volleyball
volframs: Wolfram
volts: Volt
volāns: Federball
vulkāns: Vulkan
Vācija: Deutschland
vācu valoda: Deutsch
vājš: schwach
vārdnīca: Wörterbuch
vārna: Krähe
vārti: Tor
vārīt: sieden
vārīta ola: gekochtes Ei
vārīts: gekocht
vāvere: Eichhörnchen
vāze: Vase
vēders: Bauch
vēdersāpes: Bauchweh
vējains: windig
vēja parks: Windpark
vējbakas: Windpocken
vējjaka: Anorak
vējstikla slotiņas: Scheibenwischer
vējstikls: Windschutzscheibe
vējš: Wind
vēna: Vene
vēstniecība: Botschaft
vēstule: Brief
vēsture: Geschichte
vētra: Sturm
vēzis: Krebs
vīle: Feile
Vīnes valsis: Wiener Walzer
vīnoga: Weintraube
vīns: Wein
vīramāte / sievasmāte: Schwiegermutter
vīratēvs / sievastēvs: Schwiegervater
vīra vecāki / sievas vecāki: Schwiegereltern

vīrietis: Mann
vīrs: Ehemann
vīruss: Virus
vītols: Weide
vīza: Visum
vīģe: Feige

Z

zaglis: Dieb
zagt: stehlen
Zambija: Sambia
zarna: Darm
zars: Ast
zaudējumi: Verlust
zaudēt: verlieren
zaudēt svaru: abnehmen
zaļā tēja: grüner Tee
zaļš: grün
zebra: Zebra
zefīrs: Marshmallow
zelta medaļa: Goldmedaille
zeltnesis: Ringfinger
zelts: Gold
Zelts ir dārgāks par sudrabu: Gold ist teurer als Silber
zem: unter
zeme: Erde
zemene: Erdbeere
zemes garoza: Erdkruste
zemes kodols: Erdkern
zemesrieksts: Erdnuss
zemesriekstu eļļa: Erdnussöl
zemesriekstu sviests: Erdnussbutter
zemestrīce: Erdbeben
zems: tief
zemūdene: U-Boot
zeķe: Socke
zeķubikses: Strumpfhose
zibens: Blitz
zibspuldze: Blitz
ziedkāposts: Blumenkohl
ziedlapiņa: Blütenblatt
zieds: Blüte
ziedu dobe: Blumenbeet
ziema: Winter
Ziemassvētki: Weihnachten
ziemeļblāzma: Polarlicht
ziemeļi: Norden
Ziemeļkoreja: Nordkorea
Ziemeļpols: Nordpol
Ziemeļu divcīņa: Nordische Kombination
ziemeļu puslode: Nordhalbkugel
ziepes: Seife
zilonis: Elefant
zils: blau
zilums: blauer Fleck
Zimbabve: Simbabwe

zināt: wissen
zinātne: Wissenschaft
zinātnieks: Wissenschaftler
zinātniskā fantastika: Science-Fiction
zirgaste: Pferdeschwanz
zirgs: Pferd
zirneklis: Spinne
zirnis: Erbse
zivju tirgus: Fischmarkt
zivs: Fisch
zivs un frī kartupeļi: Fish and Chips
ziņas: Nachrichten
ziņojumu dēlis: Anschlagtafel
ziņu vadītājs: Nachrichtenmoderator
znots: Schwiegersohn
zobenvalis: Killerwal
zobs: Zahn
zobu birste: Zahnbürste
zobu breketes: Zahnspange
zobu pasta: Zahnpasta
zobu plombe: Plombe
zobu protēzes: Zahnersatz
zobu sāpes: Zahnweh
zobārsts: Zahnarzt
zods: Kinn
zole: Sohle
zoo dārzs: Zoo
zoo veikals: Tierhandlung
zoss: Gans
zupa: Suppe
zvaigzne: Stern
zvans: Klingel
zvanīt: telefonieren
zvejas kuģis: Fischerboot
zvejnieks: Fischer
zvejot: fischen
Zviedrija: Schweden
zvērinātie: Geschworenen
Zālamana salas: Salomonen
zāle: Gras
zāles pļāvējs: Rasenmäher
zārks: Sarg
zāģis: Säge
zāģēt: sägen
zēns: Junge
zīdainis: Säugling
zīds: Seide
zīlīte: Pupille
zīmogs: Stempel
zīmulis: Bleistift
zīmuļu asināmais: Spitzer
zīmējums: Zeichnung

@

āboliņš: Klee
ābols: Apfel

ābolu pīrāgs: Apfelkuchen
ābolu sula: Apfelsaft
ādas apavi: Lederschuhe
āmurs: Hammer
ārkārtas gadījums: Notfall
ārsts: Arzt
ārā: außen
ātrgaitas vilciens: Hochgeschwindigkeitszug
ātrs: schnell
ātrslidošana: Eisschnelllauf
ātruma ierobežojums: Geschwindigkeitsgrenze
ātrumkārba: Gangschaltung
ātrumpārslēgs: Schaltknüppel
ātrā palīdzība: Rettung
ātrās nūdeles: Fertignudeln
Čada: Tschad
Čehija: Tschechien
Čīle: Chile
ča-ča-ča: Cha-Cha-Cha
čau: Hallo
čeks: Scheck
čells: Cello
četrdesmit piecas minūtes: Dreiviertelstunde
čili: Chili
čipsi: Chips
čukstēt: flüstern
čības: Pantoffel
čīzburgers: Cheeseburger
čūska: Schlange
Ēģipte: Ägypten
ēdienkarte: Speisekarte
ēdnīca: Kantine
ērglis: Adler
ērģeles: Orgel
ēst: essen
ēvele: Hobel
ēzelis: Esel
ģenerators: Generator
ģenerāldirektors: Geschäftsführer
ģeogrāfija: Erdkunde
ģeometrija: Geometrie
ģimenes fotogrāfija: Familienfoto
ģimenes terapija: Familientherapie
ģipsis: Gips
ģitāra: Gitarre
ģībt: ohnmächtig werden
Īrija: Irland
īkšķis: Daumen
īriss: Schwertlilie
īss: klein
īstenībā: eigentlich
īsziņa: SMS
Ķīna: China
Ķīniešu medicīna: chinesische Medizin
ķeblis: Hocker
ķeizargrieziens: Kaiserschnitt
ķemme: Kamm
ķengurs: Känguru

ķermeņa losjons: Body Lotion
ķerra: Schubkarren
ķert: fangen
ķieģelis: Ziegel
ķiploks: Knoblauch
ķirbis: Kürbis
ķirsis: Kirsche
ķirurgs: Chirurg
ķirurģija: Chirurgie
ķirzaka: Eidechse
ķivere: Helm
ķēde: Kette
ķīmija: Chemie
ķīmiskais savienojums: chemische Verbindung
ķīmiskā reakcija: chemische Reaktion
ķīmiskā struktūra: Strukturformel
ķīmiķis: Chemiker
ķīniešu valoda: Mandarin
ļauns: böse
ļoti: sehr
ņemt: nehmen
Šrilanka: Sri Lanka
Šveice: Schweiz
šahs: Schach
šalle: Schal
šampanietis: Champagner
šampūns: Shampoo
šaurs: schmal
šausmu filma: Horrorfilm
šaut: schießen
šautriņas: Darts
šaušana: Schießen
šeit: hier
šis: dieses
šodien: heute
šogad: dieses Jahr
šokolāde: Schokolade
šokolādes krēms: Schokoladencreme
šomēnes: diesen Monat
šonedēļ: diese Woche
šorti: kurze Hose
šorttreks: Shorttrack
špakteļlāpsta: Spachtel
štats: Staat
šujmašīna: Nähmaschine
šuve: Naht
šuvējs: Schneider
švamme: Schwamm
šķidrums: Flüssigkeit
šķiltavas: Feuerzeug
šķiršanās: Scheidung
šķiņķis: Schinken
šķēpa mešana: Speerwerfen
šķēres: Schere
šķīvis: Teller
šķīvji: Becken
šķūnis: Hütte
šļirce: Spritze

šļūdonis: Gletscher
šļūtene: Schlauch
šņore: Schnürsenkel
šūpoles: Schaukel
šūpuļkrēsls: Schaukelstuhl
ūdens: Wasser
ūdenskritums: Wasserfall
ūdens motocikls: Jet-Ski
ūdenspolo: Wasserball
ūdens pudele: Wasserflasche
ūdens slidkalniņš: Wasserrutsche
ūdensslēpošana: Wasserski
ūdeņradis: Wasserstoff
ūdrs: Otter
žagata: Elster
žakete: Blazer
žalūzijas: Jalousie
želejas konfekte: Fruchtgummi
žilete: Rasierklinge
žirafe: Giraffe
žogs: Zaun
žokļa kauls: Kiefer
žultspūslis: Gallenblase
žurka: Ratte
žurnālists: Journalist
žurnāls: Magazin
žāvēt: trocknen
žāvēts auglis: Dörrobst

Printed in Poland
by Amazon Fulfillment
Poland Sp. z o.o., Wrocław